KB269558

Le Silence de Lorna
JEAN-PIERRE & LUC DARDENNE
Le Gamin au vélo

다르덴 형제 시나리오

로나의 침묵 / 자전거 탄 소년

Le Silence de Lorna

JEAN-PIERRE & LUC DARDENNE

Le Gamin au vélo

다르덴 형제 시나리오

로나의 침묵 / 자전거 탄 소년

신유진 옮김 / 정성일 해설

차례

━━━━━ 〈로나의 침묵〉 촬영 리허설을 하는 두 달 동안 프리슈티나 출신의 배
우가 프랑스어를 습득하는 방식에 따라서 로나의 대사를 수정했다.

로나의 침묵

Le Silence de Lorna

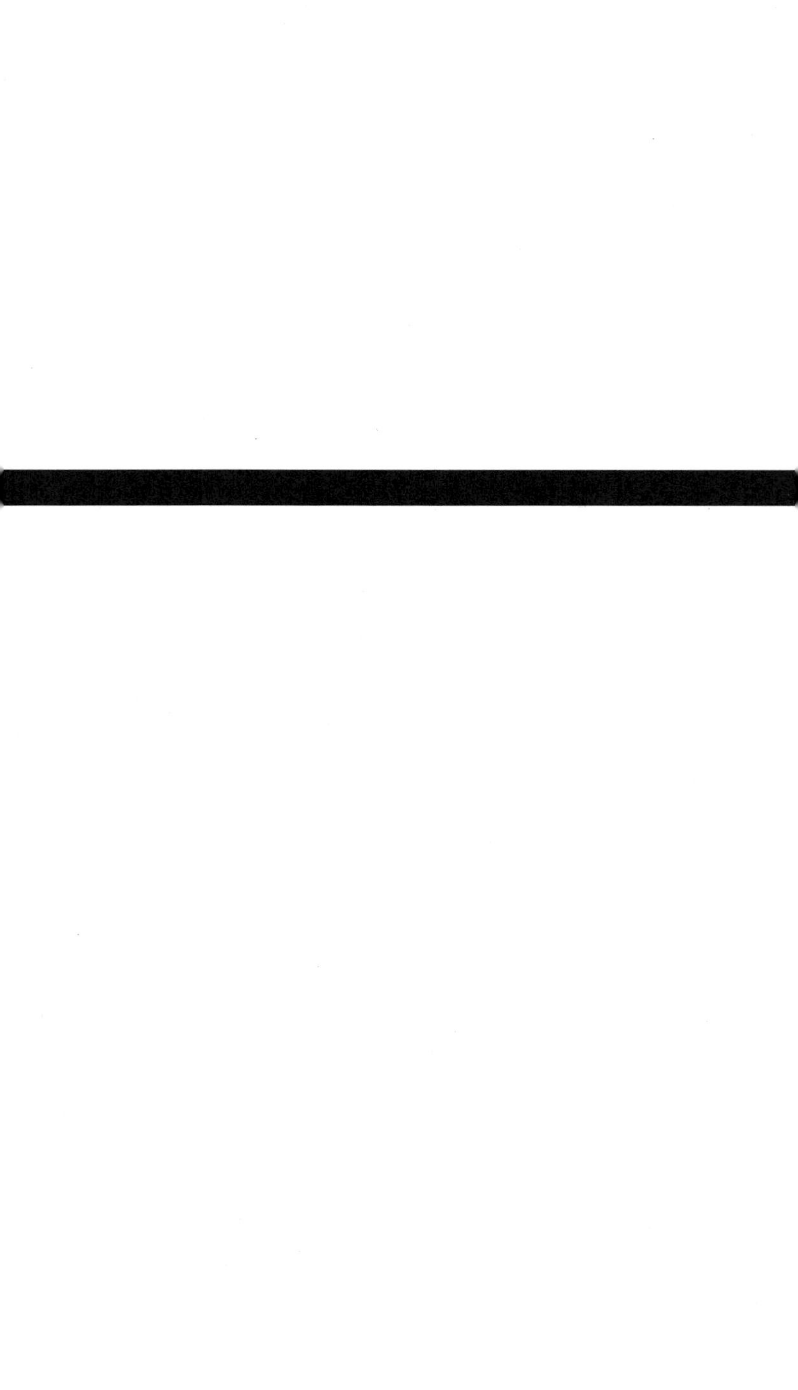

#1. 실내-은행(낮)

로나는 스물다섯 살이다. 중부 유럽 억양이 있는 프랑스어를 구사한다(나중에 그녀가 알바니아 사람이란 걸 알게 된다). 로나가 지폐를 은행 창구에 밀어 넣자, 은행 직원이 돈을 받아 센다.

은행 직원　340유로죠.
로나　　　네. 지점장님을 만나 뵐 수 있을까요?
은행 직원　내일 나오세요. 약속 잡아드려요?
로나　　　네. 12시 반이면 좋겠는데요.

은행 직원은 창구로 서명할 서류를 내민다. 로나는 서류를 받고 연필꽂이에서 볼펜을 집는다.

은행 직원　12시 반이에요. 용건은요?

로나　　　일전에 말씀드린 대출 때문이에요. 제가 벨기에

　　　　　국민이 됐거든요.

로나는 서류에 사인해서 직원에게 돌려준다.

#2. 실내-폰하우스&인터넷(저녁)

로나가 전화 부스에서 수화기를 들고 전화기 너머의 상대

가 말하는 것을 듣고 있다. 그렇게 잠시 듣고 있다가…….

로나　　　(알바니아어로) 응. 1만 4,000유로야. 그래. 별일

　　　　　없으면 한 달 내로……. 우린 언제 봐? 괜찮아.

　　　　　응. 끊을게. 응. 사랑해. 나도.

로나는 전화를 끊고 파키스탄인 계산원에게 돈을 내려고

카운터로 간다.

계산원　　7유로 10센트입니다.

로나가 돈을 내려고 하자 휴대전화가 울린다. 그녀는 화면

에 찍힌 번호를 확인하고 전화를 받는다.

로나　　　(프랑스어로) 무슨 일이야? 알아. 벌써 세 번이

나 전화했잖아.

로나는 전화를 끊고 지갑을 열어 돈을 꺼내 계산한다.

#3. 실내-슈퍼마켓(저녁)
로나는 상품 진열대 사이를 오간다. 그녀가 들고 있는 장바구니 안에는 이미 토마토, 빵이 담겨 있다. 로나는 달걀 여섯 알과 쌀, 사과 몇 개를 산다.

#4. 실내-로나와 클로디가 사는 건물 입구(저녁)
로나가 장을 본 봉투를 들고 건물로 들어온다. 그녀는 건물 안쪽에 있는 우체통을 향해 걷는다. 우체통을 열고 살핀다. 아무것도 없다. 계단으로 돌아온다.

#5. 실내-로나와 클로디가 사는 건물, 계단, 복도(저녁)
로나는 봉투를 들고 계단을 올라 복도로 거쳐, 외투 주머니에서 열쇠를 꺼내 문을 연다.

#6. 실내-로나와 클로디의 집, 거실(저녁)
로나가 클로디에게 다가가자 클로디가 의자에서 일어난다. 그의 손에는 담배가 있다. 클로디는 스물다섯에서 서른 살 사이의 젊은 남자로, 몸이 무척 말랐다. 오디오에서 음악이 시끄럽게 울린다. 로나가 봉투에서 쌀을 꺼내 클로디에게 준다.

클로디　　고마워.
로나　　　1유로 50이야.

로나는 작은 테이블 위에 장 본 것을 올려놓는다. 클로디
는 주머니에서 봉투를 꺼내 5유로를 로나에게 건네고, 로
나는 가방에서 지갑을 찾아 동전 몇 개를 꺼낸다.

로나　　　3유로 50이야.

클로디는 돈을 받은 후 쌀을 들고 주방으로 간다. 로나는
현관 옆에 있는 옷걸이에 외투와 가방을 건다. 로나는 손
에 지갑을 들고 거실 옆방으로 간다.

#7. 실내-로나와 클로디의 집, 방(저녁)
로나는 바지 주머니에서 열쇠를 꺼내 침대 옆 서랍장의 서
랍을 연다. 거기에는 알람 시계와 로나와 클로디가 머리를
맞대고 어깨동무한 사진이 있다. 로나는 서랍을 열고 지갑
을 넣고는 열쇠로 잠근다.

#8. 실내-로나와 클로디의 집, 욕실(저녁)
로나가 욕실에서 샤워한다. 그녀는 머리를 감고 헹군다.

샤워를 마치고 머리를 말린다. 클로디의 음악 소리가 들린다. 로나는 거울 앞에서 머리를 매만진다. 어깨에는 수건이 걸쳐져 있다. 로나가 거울로 자신을 바라본다. 잠옷으로 긴 티셔츠를 입었다. 머리에는 물기가 남아 있고, 로나는 욕실 문의 잠금쇠를 돌려 연다. 욕실을 나간다.

#9. 실내-로나와 클로디의 집, 거실, 방(저녁)
로나가 방으로 향한다.

로나   잘게.

클로디   (v.o) 한 판 할까?

로나   됐어!

로나가 방으로 들어간다.

로나   안 오고 뭐 해?

클로디는 로나와 함께 방으로 들어간다. 그들은 첫 번째 매트리스를 들고 그 밑에 있던 또 다른 매트리스를 꺼낸다. 2인용 접이식 토퍼 매트리스다. 클로디가 그 매트리스를 옮기기 위해 반으로 접는데 휴대전화가 울린다. 클로디는 주머니에서 휴대전화를 꺼내 번호를 확인하고 받는다.

클로디　　(휴대전화를 들고) 안 돼! 안 된다고 했잖아.

클로디는 전화를 끊고는 매트리스를 들고 방을 나간다. 로나는 옷장에서 이불과 침대보를 꺼내고 침대에 있는 베개 중 한 개를 집어 든다.

#10. 실내-로나와 클로디의 집, 거실(저녁)

로나는 이불과 침대보와 베개를 들고 클로디에게 간다. 클로디는 의자에 앉으며 담배에 불을 붙인다. 의자 앞에 놓인 작은 탁자 위에는 카드와 숭늉이 담긴 그릇이 놓여 있다. 로나는 테이블 옆 바닥에 깔아놓은 매트리스에 이불과 침대보와 베개를 놓는다.

로나　　잘 자.
클로디　　카드 한 판 안 할 거야?
로나　　안 해.

로나는 다시 방으로 들어가고 문을 닫는다.

클로디　　(v.o) 내가 전화로 한 말 들었지?
로나　　응.

#11. 실내-로나와 클로디의 집, 방(저녁)

로나는 문을 닫고 잠금쇠를 걸어 잠근다. 휴대전화의 알람을 맞추고 충전기를 꽂은 후에 사진 옆에 있는 작은 서랍장 위에 올려둔다. 알람 시계를 맞추고 서랍장의 서랍을 열어 귀마개를 꺼내 한쪽 귀에 꽂는다.

로나　　　볼륨 좀 줄여!

로나는 음악 소리가 줄지 않자, 침대에서 일어나 잠금쇠를 돌려 문을 연다.

로나　　　음악 소리 좀 줄이라고!
클로디　　미안해.

클로디는 음악을 끈다. 로나는 다시 문을 잠그고 귀마개를 다른 한쪽에 마저 꽂은 후에 이불 속으로 들어간다.

클로디　　(v.o) 로나…….

로나는 대답하지 않는다. 클로디가 방문 앞으로 다가오는 소리가 들린다.

클로디　　(v.o 조금 더 큰 소리로) 로나!

로나   왜?

로나가 귀마개를 뺀다.

클로디   (v.o) 할 말이 있으니까 문 좀 열어줘.
로나   그냥 내일 하자. 아침 6시에 일어나야 해.
클로디   (v.o) 나, 오늘 저녁에는 안 나갈 거야. 끊었
          어…….
로나   그거 매주 하는 말이잖아. 나 이제 잘 거야.

로나는 다시 귀마개를 꽂는다.

클로디   (v.o) 이번에는 버틸 거야. 네가 날 도와줘야 해.
          로나, 날 도와준다고 약속해. 혼자서는 해낼 수
          없어. 도와줄 거지?

로나는 대답하지 않았다. 로나는 잠에 빠져든다.
사이.

클로디   로나, 대답해봐. 날 도와줄 거지?

로나는 잠든 것처럼 보인다.

#12. 실내-로나와 클로디의 집, 거실(아침)

로나가 옷을 입고 주방 한쪽에 있다. 그녀는 점심으로 먹을 토마토 샌드위치를 만들어서 알루미늄포일에 싼다. 클로디가 그녀 옆에 있다.

클로디   내가 이러는 건…… 오늘의 목표가 필요해서 그래.

로나   언제 집에 들어올지 모른다고 말했잖아!

로나는 방으로 들어가고, 클로디가 그녀를 따라간다.

클로디   상관없어. 그냥 아무 때나 괜찮으니까 말해줘.

#13. 실내-로나와 클로디의 집, 방(아침)

로나는 몸을 숙인다. 서랍장을 열쇠로 열더니 지갑을 꺼낸다.

클로디   5시? 6시? 9시? 7시, 괜찮아? 7시?

로나   마음대로 해.

그녀는 일어나서 방을 나간다.

#14. 로나와 클로디의 집, 거실(아침)

로나가 포장한 샌드위치와 사과를 가방 안에 넣고 외투를 입으러 간다.

로나　　매트리스를 제자리에 가져다 두는 거 잊지 마.

로나는 외투를 입는다. 클로디는 서둘러 현관 앞으로 간다.

로나　　뭐 하는 거야?
클로디　내가 못 나가게 내 열쇠로 문을 잠그고 가.

클로디는 문을 열고 자기 열쇠를 문 바깥 열쇠 구멍에 넣는다.

로나　　네가 나가고 싶어지면?
클로디　아니. 아무도 만나면 안 돼. 만나면 못 참을 거야.

로나가 문을 나선다.

로나　　안 돼.
클로디　왜?
로나　　30분 후면 넌 나가려고 할 거고, 그러면 내가 다시 돌아와야 하니까.
클로디　아니야. 맹세해.

로나는 계단을 내려가기 시작한다.

클로디　　　(v.o) 로나! 로나!

그녀는 계속 계단을 내려간다.

#15. 실내-세탁소, 세탁실(낮)

세탁소 매장 뒤에 있는 세탁실에 여자들 몇 명이 있고, 그 중 로나가 있다. 로나는 옷을 세탁하고 다림질하는 중이다. 로나는 옷 위에 작업용 앞치마를 입고 있다. 그녀는 옷걸이에 걸린 겉옷을 스팀기로 다려 얼룩을 빼고, 세탁한 옷들이 걸려 있는 쪽으로 옮긴다. 로나는 작업실 안쪽에 있는 문으로 간다.

#16. 실내-세탁소 탈의실(낮)

로나는 비밀번호를 눌러서 사물함을 연다. 가방에서 사과를 꺼내고 다시 닫는다. 로나는 사과를 먹으며 작업실로 되돌아간다.

#17. 실내-세탁소(낮)

로나는 사과를 먹으면서 옷이 걸려 있는 옷걸이 몇 개를 스팀기 쪽으로 당긴다. 로나는 첫 번째 옷을 세탁하기 시작한다.

#18. 실내/실외-파비오의 택시(낮)

로나는 작업복 위에 외투를 걸치고 파비오 옆자리에 탄다. 파비오는 서른 살쯤 된 남성으로, 택시 운전을 한다. 그는 택시를 아주 빠르게 몬다.

| 로나 | 그 사람들한테 내가 점심시간에 올 수 있다고 말했대. |

로나　　그 사람들한테 내가 점심시간에 올 수 있다고 말했대.

파비오　저녁에나 들어갈 수 있다고 말했어야지.

로나　　나도 그렇게 말했어. 그런데 전혀 이해를 못 해. 완전히 당황했어. 또 약을 끊으려고 해…….

로나가 말하는데 택시 무전이 울리고, 파비오가 받는다.

로나　　이번에는 정말 끊고 싶다고 했어. 도와달라고 하더라고.

파비오　지금은 그렇게 말하지만 내일이 되면 약에 완전히 취해 있을걸.

로나　　그러다 정말 끊으면 어떡해?

파비오　계획대로 약물 과다 복용으로 보낼 거야. 약쟁이가 다시 약에 빠져서 죽는 일은 흔해.

사이.

파비오　경찰 새끼들! 6개월 동안 아무것도 안 하다가 네가 벨기에 국적을 따려고 하니까 지랄하네!

차가 로나와 클로디가 사는 건물 앞에 도착하자 속도를 줄
인다.

로나   기다릴 거야?
파비오   아니, 공항에 가야 해. 어떻게든 경찰들이 사진
             을 보게 해.

로나는 차에서 내리고 건물 입구로 뛰어 들어간다.

#19. 실내-로나와 클로디의 집, 복도, 거실(낮)
로나가 열쇠로 문을 열고 집에 들어간다. 집 안이 텅 빈 것
처럼 조용하다.

로나   클로디?

아무도 대답하지 않는다. 로나는 방으로 간다.

#20. 실내-로나와 클로디의 집, 방(낮)
로나가 침대에 누워 있는 클로디를 발견한다. 클로디는 이
불을 다리까지 덮은 채 베개를 베고, 숭늉을 담은 사발을
손에 쥐고 있다.

클로디   몸이 안 좋아서 네가 보고 싶었어.

로나   내 침대에서 내려와.

클로디   침대를 써도 된다고 했잖아.

로나   침대 위에는 누워도 되지만 이불 속에 들어가는
        건 안 돼.

로나는 외투 주머니에 있는 휴대전화를 꺼냈지만 통화가
연결되지 않는다. 로나는 클로디를 보고 일어나다가 숭늉
이 담긴 사발을 엎는다.

로나   뭐 하는 거야! 제기랄! 닦을 거 가져와.

그녀는 휴대전화로 전화를 건다.

로나   (휴대전화를 들고) 경찰은 없었어. 그냥 나를 부
        르려고 그런 거야……. 응…….

그녀는 전화를 끊고 클로디의 손에 들린 그릇을 뺏는다.

로나   다시는 이러지 마.

클로디   아파서 그랬어.

로나   내가 알 바 아니야.

로나는 창턱에 있던 마른걸레를 가져와 침대 시트와 매트
리스를 닦는다.

로나　　　나 늦을 거야. 밥 먹을 시간도 없어.
클로디　　빵이라도 먹을래?
로나　　　됐어.

로나가 대답하는 데 초인종이 울린다. 로나는 침대를 닦다
가 멈춘다.

클로디　　(문 쪽으로 가며) 누구세요?
남자　　　(v.o) 이본이야. 필요한 거 없어?
클로디　　꺼져! (로나에게) 오늘 아침에만 두 번이나 왔어.

로나는 침대 시트를 벗겨서 라디에이터에 말린다.

클로디　　약국에서 부스코판 좀 사다 줄래? 위경련 때문
　　　　　　에 그래.

로나는 말없이 라디에이터 위에 침대 시트를 펼쳐놓는다.

#21. 실내-로나와 클로디의 집, 거실(낮)
로나가 싱크대 앞에서 물을 틀고 타월을 헹군다.

클로디　　　17~18유로 할 거야.

클로디가 봉투에서 20유로를 꺼낸다.

로나　　　내가 너를 위해서 왜 그래야 하는데?
클로디　　　알잖아. 밖에 나가면 걔네들을 또 만날 거고 그러면 다시 약을 하게 될 거야.

로나가 손을 닦는다.

로나　　　나랑 상관없잖아! 너는 나랑 결혼하면서 돈을 받았고, 이혼할 때는 두 배를 받을 거야. 나한테 다른 건 시키지 마. 아무것도!

로나가 문을 향해 걸어 나간다. 클로디가 그녀를 따라가 앞을 가로막는다.

클로디　　　(눈물을 글썽이며) 돈은 필요 없어! 제발 도와줘. (클로디는 20유로를 건넨다.)
로나　　　네가 직접 사.

로나가 문을 열려고 하자, 클로디가 울면서 무릎을 꿇고 매달린다.

클로디　　도와줘, 로나. 도와줘. 나갈 수 없어. 도와줘.
로나　　　일어나! 일어나라고!

클로디가 일어난다. 로나는 클로디의 상태를 보며 혼란스럽다.

로나　　　무슨 약인지 종이에 적어줘.

로나는 클로디가 선반으로 가서 볼펜을 집어 들고 그녀에게 돌아와 탁자 위에 놓인 카드 상자에 약 이름을 적으려고 하는 모습을 바라본다. 클로디의 손이 떨린다.

클로디　　못 쓰겠어.

로나가 볼펜을 빼앗아 몸을 숙이고 받아 적는다.

클로디　　부스코판이야.

로나는 카드 상자에 이름을 적고 몸을 일으켜 세운다. 클로디가 로나에게 20유로를 준다.

클로디　　날 가둬줄래?
로나　　　싫어.

로나가 나간다.

#22. 실내/실외-건물/건물 앞(낮)

로나가 계단을 급히 내려간다. 빠른 걸음으로 건물을 빠져
나간다. 건물 앞 대로를 건넌다.

클로디　　(v.o 소리치며) 로나! 로나!

로나는 뒤돌아 클로디가 서 있는 창문을 바라본다. 창문이
열려 있다.

클로디　　(소리치며) 내 열쇠!

클로디가 로나가 있는 쪽으로 열쇠를 던지고, 그 열쇠는
건물 주변에 주차된 커다란 트럭 위로 떨어진다.

클로디　　(소리치며) 트럭 위로 떨어졌어!

로나는 버스가 천천히 들어오는 것을 보고 버스를 향해
뛴다.

#23. 실외-도시의 거리(저녁)

로나가 외투를 입고 어깨에 가방을 메고 사거리를 건넌다.

사람들과 차로 붐비고, 자동차의 헤드라이트가 반짝인다.
로나는 길을 걷는다.

#24. 실내-셋방 건물(저녁)

로나가 계단을 오른다. 전화가 울린다. 로나는 주머니에서
휴대전화를 꺼내 번호를 확인하고 전화기를 끈다. 로나는
계속해서 계단을 올라가 복도에 도착해 방문을 두드린다.

젊은 여성 (v.o, 외국인 억양으로) 누구세요?
로나   로나야.

젊은 여성이 문을 연다.

로나   오늘 여기서 재워주면 안 될까?
젊은 여성 오늘? 안 돼. 같이 지내는 사람이 있어.

로나는 반응 없이 그저 서 있다. 갈 곳을 잃은 듯 보인다.

젊은 여성 무슨 일이야? 무슨 일 있어?
로나   아니야, 괜찮아. 갈게.

로나는 복도를 빠져나와 계단을 내려간다.

#25. 실내-인터넷&폰하우스(저녁)

로나가 부스로 들어가서 수화기를 들고 번호를 누른다. 자
동응답기가 받는다.

로나   (알바니아어로) 나야. 할 말이 있었는데……. 안
          녕……. 일요일에 전화할게.

#26. 실내-작은 호텔 입구(저녁)

로나가 호텔의 데스크 앞에 있다. 한 남자가 데스크 뒤에
서 있다.

로나   더 싼 방은 없어요?
남자   1층에 세면대가 딸린 작은 방이 있어요. 화장실
          은 공용이고요.
로나   좋아요. 지금 계산하나요?

남자가 열쇠를 준다.

남자   그러셔도 되고요.

로나는 돈을 내려고 지갑을 꺼낸다.

#27. 실내-호텔 방(저녁)

로나는 싱글 침대 끝에 앉아 있다. 그녀는 신발을 벗고 양말까지 벗는다. 바지를 벗어서 문 한가운데에 달린 옷걸이에 건다. 옷걸이에는 이미 로나의 외투가 걸려 있다. 그녀는 티셔츠 속에 입은 메리야스와 브래지어를 벗고 침대와 벽 사이에 있는 세면대로 가서 작은 거울 앞에서 얼굴을 씻는다. 세면대에 걸쳐진 수건을 들고 침대에 걸터앉아 얼굴을 닦는다. 그녀는 잠시 생각에 잠긴다. 그러다가 일어나서 옷걸이에 걸려 있던 바지를 입는다.

#28. 실외-도시의 거리(저녁)

로나는 어깨에 가방을 메고 사거리를 건너서 상점의 쇼윈도를 따라 거리를 걷는다. 어떤 가게는 불이 켜져 있다.

#29. 실외-약국 앞(저녁)

로나는 약국의 벨을 누른다. 셔터가 내려져 있다. 유리창 너머로 불이 켜진다. 젊은 여성이 나타나 셔터 사이로 창구를 연다. 로나는 외투 속에 있던 카드 상자 조각을 꺼낸다.

여자   누구세요?

로나   부스코판 좀 주세요.

여자   처방전 있어요?

로나   아니요.

여자   많이 아파요?

로나   제가 아니라 남편이요. 복통이 있어요.

여자   드릴게요. 그렇지만 원래는 처방전이 있어야 해요.

로나   고맙습니다.

여자는 약국 안으로 들어간다. 로나는 셔터에 얼굴을 가까이 대고 그녀를 기다린다.

#30. 실내-로나와 클로디의 집, 거실(저녁)

로나가 집에 들어와 문을 잠근다.

클로디   (v.o 기운 없는 목소리로) 부스코판 사 왔어?

로나   응.

로나가 가방에서 부스코판을 꺼내 클로디에게 건넨다. 클로디는 매트리스 위에 앉아 있다.

클로디   고마워. 네가 안 들어올 줄 알았어.

로나는 외투를 벗고 욕실로 간다.

클로디   (v.o) 물 한 잔만 줄래? 못 일어나겠어.

로나는 컵에 수돗물을 받아 클로디에게 가져다준다. 클로디는 부스코판 포장을 막 열려고 하는 중이다.

클로디　　온몸이 구석구석 다 쑤셔. 고마워.

#31. 실내-로나와 클로디의 집, 방(저녁)

잠을 자려고 티셔츠를 입은 로나가 휴대전화 알람을 맞추고 충전한다. 클로디가 토하는 소리가 들린다. 로나는 가만히 듣고 있다. 그러다 아무 소리도 들리지 않는다. 그녀는 알람의 시계를 맞추고 서랍장 서랍을 열어 귀마개를 꺼낸다. 다시 토하는 소리, 클로디가 로나를 부르는 스리가 들린다. 로나는 잠금쇠로 잠근 방문을 연다.

#32. 실내-로나와 클로디의 집, 거실(저녁)

로나가 클로디에게 간다. 클로디는 침대 옆에 엎드려 있다. 그는 움직이지 못하고 질식한 것처럼 보이며, 얼굴과 머리카락이 땀에 젖어 있다.

로나　　왜 그래?

클로디가 손짓한다.

로나　　물 달라고?

클로디가 고개를 끄덕인다. 로나는 수돗물을 컵에 받아서 클로디에게 가져다준다. 로나가 컵을 내밀지만 클로디는 받질 못한다. 로나는 몸을 숙여 클로디의 입술에 컵을 가져다 댄다. 클로디는 겨우 조금씩 마신다. 그의 복통이 조금 가라앉았다.

클로디   등…… 만져줘……. 아파…….

로나는 바로 반응하지 않는다.

클로디   로나…….

로나는 등을 마사지한다.
사이.

클로디   한결 나아졌어. 앉을게.

로나는 방으로 돌아가려고 한다.

클로디   잠깐! 의사를 불러줘.

클로디는 바지 주머니 속에 있던 휴대전화를 겨우 꺼낸다.

로나   왜 네가 직접 안 해?
클로디   부탁이야, 로나. 도와줘!

클로디가 휴대전화를 내밀자 로나가 받는다.

클로디   M으로 시작해. 마이로. 내가 약을 끊었다고, 병
         원에 가고 싶어 한다고 전해줘. 입원시켜달라고.
로나   지금 당장?
클로디   응.

로나가 휴대폰 버튼을 누르고 기다린다.

로나   (휴대전화를 들고) 안녕하세요. 클로디 모로의
         아내인데요. 네. 클로디가 약을 끊었다고 당신에
         게 전화해달라고 해서요.
클로디   30시간째 버티고 있다고 해줘.
로나   (휴대전화를 들고) 병원에 입원하고 싶어 해요.
         네. 바꿔드릴게요.

로나는 바닥에 앉아 있는 클로디에게 휴대전화를 건넨다.

클로디   (휴대전화를 들고) 여보세요. 네. 아니요. 이번에
         는 진짜예요. 맹세해요. 벌써 30시간째 버티고

있는데 고비가 왔어요. 숨이 막히고, 네. 결심했어요. 네. (전화를 끊는다.) (로나에게) 입원시켜준대. 택시를 불러줘.

클로디는 로나에게 다시 휴대전화를 건넨다. 로나는 휴대전화를 받아 번호를 누른다.

로나　　(휴대전화에 대고) 파비오? 로나야. 클로디가 약을 끊으려고 병원에 들어간대. 운전해줄 수 있어? 번호는 없어. 응. 2하고 3333…… 뭐라고? 그래. 다시 전화할게.

로나는 전화를 끊고 다른 번호를 누른다.

클로디　　로나, 도와줘.

로나는 전화를 걸면서 클로디를 일으켜 세운다.

로나　　(휴대전화를 들고) 여보세요. 마리아에로 17번지로 택시를 불러주세요. 세 번째요. 네. (그녀는 전화를 끊는다.) (클로디에게) 5분 후에 도착한대.

로나는 클로디의 휴대전화를 돌려준다. 클로디는 통증을

느낄까 봐 외투를 조심스럽게 걸치는 중이다.

클로디　　　주머니에 넣어줘. 운동화 좀, 못 신겠어…….

로나는 몸을 숙여 클로디가 운동화 신는 걸 돕는다. 그녀가 운동화 끈을 풀어야 한다. 약해진 클로디는 온몸을 떨면서 한 손으로 옷걸이를 붙잡고 서 있다. 로나는 한쪽 운동화를 신는 걸 도우면서 반대쪽 운동화의 끈을 풀어준다.

클로디　　　이렇게 묶으면 돼. 빨리 옷 입어.
로나　　　　나는 안 가. 잘 거야.
클로디　　　아니, 안 돼. 혼자서는 안 돼. 못 가. 네가 나랑 같이 가야 해.

로나는 계속해서 신발 끈을 푼다. 클로디의 부탁을 못 들은 척한다.

클로디　　　로나, 네가 같이 가줘야 해. 로나?
로나　　　　조용히 해!

그녀는 신발 끈을 풀고 운동화를 벌린다.

#33. 실내-로나와 클로디의 집, 계단(저녁)

로나와 클로디는 외투를 입고 천천히 계단을 내려간다. 클로디는 로나에게 기대고, 고통에 얼굴을 찌푸리다가 멈춰서서 허벅지를 문지른다. 그는 통증을 느낀다. 그들은 다시 계단을 내려간다. 어느 순간 클로디가 균형을 잃고 로나가 그를 붙잡지만 둘 다 계단에서 넘어져 주저앉는다. 로나는 클로디가 다시 일어날 수 있게 부축한다.

#34. 실내-병원 응급실(저녁)

로나가 데스크에서 환자 접수를 한다.

접수 안내원 꼭 필요해요. 내일 가져오실 수 있으세요?
로나   네.

로나는 사람이 조금 붐비는 대기실을 지나 클로디에게 간다. 클로디는 벤치에서 웅크린 채로 손을 다리 사이에 넣고 고개를 숙이고 있다.

로나   여기, 네 돈.

로나는 봉투를 내민다. 클로디는 고개를 들지 못한다.

클로디   가지고 있어. 여기서는 필요 없으니까. 담배 살 돈 20유로만 줘.

로나가 20유로를 꺼낸다.

로나   내일 보험 카드를 가져와야 해. 어디에 있어?

클로디   내 소지품이랑 함께 선반에 있어.

그는 고개를 숙인 채로 있다. 지독한 추위를 느끼는 사람처럼 몸을 떨면서 말한다.

로나   자, 여기 20유로.

클로디   주머니에 넣어줘. 나를 돌봐줄 사람이 있대?

로나는 그의 외투 주머니에 20유로를 찔러 넣는다.

로나   접수 안내원 말로는 간호사가 올 거래. 나는 갈게.

클로디   로나! 내일 CD플레이어와 CD 좀 가져다줄래?

로나   그래.

로나가 몇 걸음을 떼자마자 클로디가 일어난다.

클로디   로나! 날 혼자 두지 마.

로나   너 혼자 아니야. 간호사가 올 거고⋯⋯.

클로디　　나랑 같이 기다려줘.

로나가 클로디를 바라본다. 로나는 클로디 곁으로 되돌아온다. 그들은 벤치에 앉는다.

#35. 실내-로나와 클로디의 집, 방(아침)

로나는 아직 침대에 누워 있다. 누군가가 초인종을 누른다. 누군가가 한 번 더 초인종을, 이번에는 더 오래 누른다. 로나가 잠에서 깨어나 자신과 클로디의 사진이 놓인 서랍장 위에 둔 알람 시계를 바라본다. 로나는 조용히 침대에서 내려와 까치발로 거실로 간다.

#36. 실내-로나와 클로디의 집, 거실(아침)

로나가 작은 테이블 옆, 바닥에 놓인 클로디의 매트리스와 의자 위에 있던 베개를 들고 발끝으로 걸어서 방으로 돌아간다. 초인종이 다시 울린다.

#37. 실내-로나와 클로디의 집, 방(아침)

로나　　누구세요? 누구야?

남자　　경찰입니다.

로나　　옷 좀 입고요. 잠깐만요.

로나는 클로디의 매트리스를 매트리스 밑에 넣으려고 했

지만 너무 무거워서 침대 밑에 넣는다. 클로디의 베개는 자기 베개 옆에 놓는다. 바지를 입고 방을 나선다.

#38. 실내-로나와 클로디의 집, 거실(아침)

로나는 현관으로 가서 모든 게 정돈되어 있는지 주위를 확인한다. 로나가 문을 열자 복도에 경찰 두 명이 있다.

경찰 1   안녕하십니까, 부인. 저희는 파출소에서 나온 경찰입니다. (신분증을 보여준다.) 모로 부인이 맞으십니까?

로나   네.

경찰   결혼하시고 벨기에 국적을 신청하셨죠. 검찰에서 부인이 남편분과 실제 결혼 생활을 하고 계신지 확인해달라고 요청했어요.

로나   같이 살고 있어요. 하지만 어젯밤에 남편이 병원에 입원하게 됐네요.

경찰   어떤 병원인가요?

로나   종합병원 정신과요.

경찰   확인해보겠습니다. 들어가도 될까요?

로나가 경찰들을 들어오게 한다. 두 번째 경찰은 손에 서류와 볼펜을 들고 있다.

경찰　　(로나에게) 냉장고를 열어주시겠어요?

로나가 냉장고를 연다.

로나　　별게 없어요. 남편이 워낙 잘 먹지 않아서…….

경찰　　(로나에게) 됐습니다. 확인했어요. (다른 경찰에게) 오케이. (라운지체어를 가리키며 로나에게) 이거 침대도 되나요?

로나　　아니요.

경찰은 침대 겸용이 아니라는 걸 확인한다.

경찰　　옷장은요?

로나　　방에 있어요.

로나가 앞장선다.

#39. 실내-로나와 클로디의 집, 방(아침)

경찰　　(동료에게) 더블베드야. 됐어.

로나가 옷장을 연다.

로나　　이건 제 거예요. 남편 것은…….

경찰	(동료에게) 오케이. (로나에게) 웨딩 앨범이 있
	나요?
로나	저기 사진이 있어요. (로나는 옷장 위에 있는 사
	진을 가리킨다.)
경찰	(동료에게) 오케이.

그들은 방을 나가서 욕실로 간다.

#40. 실내-로나와 클로디의 집, 거실과 욕실(아침)

로나가 욕실 문을 열자, 경찰이 들어간다. 로나는 문틀에
서 있고 다른 경찰이 로나 옆에 있다.

경찰	(동료에게) 칫솔 두 개, 타월 두 개, 면도기 하나.
	오케이. (로나에게) 남편은 응급실로 갔나요?
로나	네.

경찰이 떠났다. 로나는 옷을 입고 클로디의 선반이 있는
곳으로 가서 손에 들고 있던 봉투에 휴대용 CD플레이어를
넣고, CD도 몇 개 챙겨 넣는다. 그녀는 현관으로 가서 옷
걸이에 걸린 외투를 입는다. 그녀는 옷을 입으면서 테이블
을 바라보다가 테이블로 가서 쌓여 있던 클로디의 카드를
챙기고, 한쪽이 찢긴 케이스 안에 넣는다.

#41. 실내/실외-파블로의 택시, 병원 입구(낮)

파비오가 운전하는 택시가 멈춘다. 로나가 차에서 내린다.

파비오　여기서 기다리거나, 택시 전용 주차장에 있을게.

로나　괜찮아.

로나는 손에 봉투를 들고 병원 입구 쪽으로 걷는다.

#42. 실내-병원, 정신과 병동(낮)

로나가 위층에 있는 안내데스크 앞에서 한 간호사와 마주
하고 있다.

로나　클로디 모로요.

간호사　(차트를 보면서) 어젯밤부터 129호실에 있네요.
하지만 면회 시간이 아니에요.

로나　그게, 어제 저희가 보험 카드를 깜빡해서…….
(로나는 클로디의 보험 카드를 건네려고 한다.)

간호사　이건 1층 접수처로 가셔야 해요.

로나　알겠습니다. 혹시 이것 좀 전해주실 수 있나요?
그 사람 물건인데요.

간호사　아내분이신가요?

로나　네.

간호사　직접 가져다주셔도 돼요.

로나	아니요. 괜찮아요.
간호사	가셔도 돼요. 대신 오래 있으시면 안 돼요. 129호
	실이에요.
로나	이쪽인가요?
간호사	네. 끝에서 오른쪽이요.

로나가 손에 봉투를 들고 복도를 걷는다.

#43. 실내-복도, 클로디의 병실(낮)

로나가 클로디의 병실 문 앞에 있다. 로나는 문 앞에 서서 문을 천천히 두드린다. 답이 없다. 그녀는 다시 두드린다. 답이 없다. 그녀는 조심스럽게 문을 연고 들어가서 문을 다시 닫는다.

| 로나 | 클로디? |

클로디가 침대에서 등을 돌리고 누워 있다. 답도 없고 몸을 움직이지도 않는 것을 보니 잠든 듯하다. 로나는 최대한 조용히 침대 밑에 있는 테이블에 봉투를 둔다. 그녀는 다시 돌아간다. 생각이 바뀌었다. 그녀는 몇 걸음 더 걸어 침대 반대쪽으로 가서 클로디의 잠든 얼굴을 본다. 로나가 나온다.

#44. 실외-고속도로 주유소(낮)

로나가 파비오 옆에 있다. 파비오가 로나에게 20유로를 건네고 주유구에 디젤 주유 호스를 넣는다. 로나는 돈을 받고 주유소 상점으로 간다.

#45. 실내-주유소 상점(낮)

로나가 워셔액 한 통을 집어 들고 계산대로 간다. 로나의 얼굴……. 그녀가 줄을 선다.

#46. 실외-고속도로 주유소(낮)

로나가 파비오 옆에 있다. 파비오는 택시 보닛을 열고 몸을 숙인다. 워셔액 마개는 이미 열려 있고, 워셔액 주입구의 뚜껑을 연다.

파비오　　어떻게?

로나　　우리가 개를 속였던 것처럼 이혼하는 거지.

파비오　　안 돼. 우리가 약쟁이를 골랐던 건 이혼하지 않기 위해서였어. 시간도 너무 오래 걸리고…….

파비오가 구멍에 천천히 워셔액을 붓는다.

로나　　러시아인이 결혼을 미뤄도 괜찮다고 했으면…….

파비오　　6월이라고 합의 봤으니까 약속을 지켜야 해. 워셔액 버튼을 눌러봐. 핸들 오른쪽에…….

로나가 운전석에 앉아서 앞창에 워셔액을 쏜다.

파비오　　(v.o) 됐어!

로나가 차에서 나와 워셔액을 붓는 파비오에게 다가간다.

로나　　그래도 가능한 한 빨리 이혼할 수 있는 방법이 없는지 알아볼게.

사이.

파비오　　이혼할 때 누가 약쟁이에게 3,000유로를 줄 건데?

로나　　내가 러시아인이랑 벌게 될 1만 유로에서 3,000유로를 까.

파비오　　너, 그 약쟁이랑 자는 거야 뭐야?

로나　　아니야. 나는 소콜뿐이야. 걔는 성가신 거고.

파비오　　그런데 왜 물러서는 거야?

파비오가 첫 번째 통을 비우고 바닥에 내려놓는다. 두 번째 통을 연다.

로나   물러서는 게 아니라 진짜로 약을 끊으려고 하는
데 약물 과다 복용으로 죽는 건 이상하잖아.

파비오   이상하지 않다고 말했잖아. 마약 중독자들은 모
두 약을 끊었다가 다시 시작해.

파비오가 워셔액을 붓는다.

파비오   조사라도 나오면 이혼은 너무 위험해. 네가 과부
가 되는 게 낫다고.

#47. 실외-도시의 역 근처(저녁)

로나가 버스에서 내린다. 로나는 빠른 걸음으로 교통이 혼
잡한 광장을 통과한다. 이따금 뛰기도 한다. 로나는 기차
역으로 향한다. 누군가를 찾는 눈빛이지만 아직 찾지 못했
다. 로나는 역 안으로 들어가고, 자기가 찾던 사람이 멀리
보도 위에 있는 것을 보고 빨리 걷기 시작한다.

로나   (소리치며) 소콜!

소콜은 스물다섯에서 서른 살 사이의, 수염이 있는 남자
다. 그는 대여섯 명 모여 있는 사람들을 떠나 로나에게 간
다. 그들은 서로 껴안고 반가워한다.

로나   (알바니아어로) 네가 가버린 줄 알았어. 수염이
           잘 어울리네!

그녀는 수염을 만지면서 그에게 딱 달라붙는다.

로나   이거 봐!

로나는 지갑에서 벨기에 신분증을 꺼내 소콜에게 보여준
다. 소콜은 그걸 받아서 본다.

소콜   벨기에 사람이 됐네.

그들은 다시 한번 껴안는다.
그들은 주차장 입구 근처에서 조금 떨어진 곳에 있다.

소콜   (알바니아어로) 콜로뉴 근처 핵발전소야. 원자
           로에서 1분 거리이면 1,000유로를 준대.
로나   위험한 거 아니야?
소콜   아니야. 매달 하는 거 아니니까.
로나   여기 다시 들를 거야?
소콜   아니, 곧장 이탈리아로 가. 자……. (소콜이 외
           투에서 돈을 꺼내서 로나에게 준다.) 1,200유로.
           통장에 얼마 있어?

로나   (지갑을 꺼내 돈을 넣는다.) 2만 유로 정도.

소콜   신분증을 다시 보여줘.

로나는 지갑에서 신분증을 꺼내고, 소콜이 그걸 보다가 돌려준다.

소콜   너랑 여기 있으니까 좋다.

로나   러시아인은 기다려야 해…….

소콜   그래. (소콜이 담배에 불을 붙인다.) 식당 할 자리는 봤어?

로나   다음 주에 갈 거야. 은행 직원이 한두 군데 알려줬어.

로나가 갑자기 스콜을 껴안고 키스한다. 로나가 울기 시작한다.

로나   사랑한다고 말해줘.

소콜   사랑해. 무슨 일이야?

로나   아무것도 아니야.

자동차 경적 울리는 소리가 들린다.

사이.

소콜   차가 왔어. 가야겠다.

소콜은 로나의 얼굴을 쓰다듬는다. 그들은 서로를 끌어안고 승합차 쪽으로 걷는다.

로나   약쟁이 말이야. 약을 끊는다고 병원에 들어갔어.
소콜   또!
로나   병원은 처음이야. 나는 차라리 이혼하는 게 나을
        것 같은데…….
소콜   파비오한테 말해봤어?
로나   러시아인을 기다리게 하면 안 된다고……. 하지
        만 내가 알아봤는데 빨리 이혼할 방법이 있어.
        남편이 때린다고 신고하면 된대.
소콜   조사가 나오지 않을까?
로나   나오겠지. 하지만 거의 확실하대.
소콜   실패하면 다 망치는 거야. 파비오 말대로 해.

승합차가 경적을 울린다. 소콜은 곧 간다고 손짓한다.

로나   나는 그 사람이 죽지 않으면 좋겠어.
소콜   이미 늦었어. 그러기로 했잖아. 그래봐야 약쟁이
        라고.

소콜이 로나에게 키스한다.

소콜　　무너지면 안 돼. 거의 다 왔어. 힘들면 전화해.
로나　　알겠어.

소콜이 로나에게 키스한다. 로나는 그가 승합차를 타고 떠나는 것을 본다.

#48. 실내-로나와 클로디의 집(저녁)

잠옷 차림의 로나가 세면대에서 빨래해서 방에 있는 라디에이터에 널어 말린다. 로나는 주방으로 가서 컵에 수돗물을 채운다. 한 모금 마신다. 로나가 집을 바라본다. 다시 한 모금을 마시고 컵을 내려놓고는 방문을 향해 몇 걸음 건다가 갑자기 문틀에 팔을 세게 부딪친다. 반대쪽도 똑같이 한다. 로나의 얼굴이 고통에 일그러진다. 로나는 팔에 난 자국을 보다가 거실을 가로질러 클로디의 선반에 다시 팔을 부딪친다. 아프다. 로나는 다시 시작한다.

#49. 실내-경찰서(낮)

로나가 조사실에서 속옷 차림으로 있다. 여자 경찰이 사진을 찍는다. 로나의 팔이 멍들어 있다.

여자 경찰　팔을 돌려보세요. 조금 더요.

여자 경찰이 카메라를 들고 사진을 찍는다.

#50. 실내-경찰서(낮)

로나가 책상 옆에 앉아 있다. 수사관이 책상에서 고소장을
작성한다. 그는 화면으로 고소장을 확인하면서 키보드를
두드린다.

수사관   주소지는 마리아에 17번지. 가정 폭행, 헤로인 금
           단 현상이 일어난 상황이었고, 2007년 11월 3일,
           수요일…… 저녁 9시…… 지금은 병원에 있다고
           했죠?
로나   네. 수요일 저녁부터요. 그날 저녁에…….
수사관   그날 저녁에 오셨어야죠.

수사관은 프린터기를 작동시킨다.

수사관   이민국에 고소장이 보내질 겁니다. 하지만 이혼
           절차를 빠르게 밟는 데 도움이 되지 않을 것 같
           군요.
로나   왜요?
수사관   (프린터를 보면서) 폭행당한 부위가 당신 혼자
           서도 상처 낼 수 있는 곳이라서요.
로나   그 사람이 그랬어요. 약을 원했다고요!

수사관　　목격자가 없었고 또 처음이고…….

그는 고소장이 적힌 출력물 두 장을 손에 든다.

수사관　　여기 서명해주세요.

로나는 수사관이 건넨 볼펜으로 서명한다.

#51. 실외-병원의 정원(낮)

로나와 클로디가 병원의 벽 근처에 있는 벤치에 앉아 있다. 클로디가 담배를 피운다.

로나　　　돈이 필요했어. 내가 빨리 혼자가 되어야 재혼할 수 있고, 그래야 내가 더…….

클로디　　진짜 결혼?

로나　　　아니, 우리가 한 것과 같은 거야. 벨기에 국적을 얻으려고 돈을 낸 외국인이랑 하는 거지. 내가 널 도와줬잖아. 약속한 것도 아니었는데……. 너도 날 도와줄 수 있지 않을까?

클로디가 자리에서 일어나 병원의 벽에 달린 재떨이에 비벼 담배를 끈다. 로나는 그를 따라간다.

로나   동의하는 거야?

클로디   폭력 전과를 얻고 싶지 않아.

로나   넌 이미 마약과 절도 전과가 있잖아.

클로디   그것과는 달라. 나는 여자를 때린 적이 없다고.

로나   이혼하면 받기로 했던 3,000유로도 더 빨리 손에
        쥘 수 있어. 싫어?

클로디가 다시 담배에 불을 붙인다.

클로디   난 기다릴 수 있어. 복지센터에 등록되어 있으니
        까 빨리 재취직할 수 있을지도 몰라.

사이.

로나   네가 괜찮다면 이혼한 후에도 네가 다시는 마약
        에 손대지 않게 도와줄게.

로나와 클로디는 두 길이 교차하는 곳에 있는데, 길의 일
부가 나무로 가려져 있다. 로나는 한쪽 길을 보기 위해 뒤
로 물러선다.

로나   사람들이 와. 어서!

클로디는 움직이지 않는다. 로나는 길을 보기 위해 다시 한 걸음 뒤로 간다.

로나 사람들이 다가온다고! 때려! 나를 때려!

클로디는 로나를 바라보지만 때리지 못한다.

#52. 실내-병원, 클로디의 병실(낮)
로나와 클로디가 침대에 걸터앉아서 카드 게임을 한다. 클로디가 이겼다.

클로디 킹이 나오기 전에는 절대 클로버를 내면 안 돼!

클로디가 침대에서 카드를 주워 섞는다.

로나 3시 10분이야. 가야 해.
클로디 한 번만 더 해!
로나 3시까지만 하기로 했잖아.

로나는 병실 문 쪽으로 가서 문틈으로 복도를 보고 다시 문을 닫는다. 로나는 머리카락을 헝클어뜨리면서 클로디에게 돌아온다.

로나　　왔어.

로나가 입고 있던 셔츠를 거칠게 잡아당기고 구기자 단추
가 떨어진다.

로나　　어서, 일어나!

클로디가 반응하지 않는다.

로나　　카드 게임 하면 때려준다고 했잖아. 어서!

클로디가 일어나자 로나가 기다린다. 클로디가 뺨을 때린다.

로나　　주먹으로! 여기……. (자신의 눈을 가리키면서)

사이.

클로디　　못 하겠어.

로나가 갑자기 텔레비전을 올려놓은 철제 받침대 모서리
에 머리를 박는다. 그녀는 통증을 느낀다. 이마에서 피가
난다. 클로디가 아연실색한다. 그녀는 병실 화장실에 있는
작은 거울로 재빨리 상처를 확인한다. 로나는 몇 번 비명

을 지르고 병실을 뛰쳐나간다.

#53. 실내-정신과 접수 데스크(낮)

간호사가 로나를 의자에 앉힌다. 로나의 얼굴에서 피가 흐른다. 간호사가 소독용 습포를 가져와 로나의 상처에 댄다.

간호사   움직이지 말고 누르세요.

간호사가 철제 서랍장을 열어 뭔가를 꺼낸다.

로나   그 사람이 나를 때렸어요. TV 철제 받침대에 내
         머리를 찧었다고요.

간호사는 습포를 떼고 반창고를 붙인다.

간호사   상처를 봉합해주는 반창고예요. 경찰서에 가서
         신고하세요.
로나   그렇게 할 거예요. 증인이 되어주실 수 있나요?
간호사   물론이죠. 폭력적으로 보이진 않았는데. 하여간
         겉만 봐서는 알 수 없다니까요.

간호사가 계속해서 반창고를 붙인다.

로나   이름이 뭐예요?

간호사   모니크 소벨이요. 피를 닦아낼게요. 괜찮아요?

로나   네. 종이에 이름과 전화번호를 적어주실 수 있으
         세요?

간호사   그럼요.

간호사가 의료용 물티슈로 로나의 얼굴에 묻은 피를 닦
는다.

#54. 실외-경찰서 출구(낮)

로나는 이마에 반창고를 붙이고 경찰서에서 나와 경찰차
몇 대가 세워진 길을 걷다가 수직으로 난 길 쪽으로 걷는
다. 그녀가 그 길에 들어서자마자 뒤에서 한 남자의 목소
리가 들린다. 남자가 로나의 이름을 부른다. 그녀는 뒤돌
아본다. 남자는 신경질적으로 보이고('스피루'라고 불리는
사람이다), 로나와 아는 사이인 듯하다. 그가 로나에게 다
가간다.

스피루   파비오가 보재. 도미노에 있어.

로나가 잠시 말없이 그를 바라본다. 스피루가 돌아서자,
로나가 그를 따라간다.

#55. 실내-'르 도미노' 카페(낮)

로나가 커피를 마시고 있는 파비오의 테이블에 앉는다.

로나   세탁소에서 같이 일하는 여자애가 그렇게 하면
          된다고 했어.

파비오   내가 얼마나 놀랐는데, 로나.

로나   내가 너한테 잘못한 건 없잖아.

파비오   그런 짓은 하면 안 됐어.

로나   성공하면?

파비오   하지 마. 너는 그 자식 아내야. 최선을 다해 돌보
          라고. 나머지 일은 내가 처리할 테니까.

로나   날 못 믿어?

파비오   믿어야지. 네가 필요하니까.

스피루가 커피 두 잔을 들고 테이블로 다가온다. 한 잔은
파비오 앞에, 다른 한 잔은 로나 앞에 놓고 바로 간다.

파비오   너도 내가 필요하다는 걸 잊지 마. 네가 러시아
          인과 하는 거래를 망쳐서는 안 되잖아. 그 자식
          들과 하는 첫 번째 거래인데…… 놓칠 수 없어.

로나   실패를 바라는 게 아니야. 나도 돈을 원한다고.

파비오   이제야 너답네.

파비오가 잔을 들고 로나의 잔에 가져다 댄다. 그들은 커피로 건배하고 한 모금 마신다. 스피루가 콜라를 들고 와서 자리에 앉는다.

파비오   지난번에 역에서 만난 남자는 누구야?

로나는 스피루를 바라본다.

로나   소콜이야.
파비오   수염?
로나   응. 수염을 길렀어.

#56. 실내-세탁소(낮)

로나의 상처가 거의 다 나았다. 로나는 옷걸이에 걸어놓은 옷 열 벌 정도를 행거로 옮기고, 옷으로 가득 찬 플라스틱 통을 가져와 작업대에 놓는다. 통에서 옷을 하나 꺼내 세탁을 시작한다. 매장으로 연결되는 복도에서 사장이 로나를 부른다.

로나   로나! 매장에 누가 왔어,

로나는 도구를 정리하고 매장으로 연결되는 복도로 간다. 그녀는 입구에 서 있는 클로디를 보고 놀란다. 클로디의 손에는 봉투가 들려 있다. 사장은 계산대에서 손님을 응대하고 있다. 로나는 클로디와 함께 나가려고 가게 문을 연다.

로나   (사장에게) 죄송합니다. 금방 올게요.

#57. 실외-세탁소 앞(낮)

클로디   놀라게 해주고 싶었어.
로나   다 나은 거야?

클로디는 담배에 불을 붙인다.

클로디   응. 상태가 안 좋아지면 병원에 연락하면 돼.
로나   버텨야 해. 나는 일하러 가야 할 것 같아.

로나는 가게로 들어간다.

클로디   집 열쇠가 필요해.
로나   가져올게.
클로디   담배 살 돈도.

로나는 가게 안으로 들어간다.

#58. 세탁실의 탈의실(낮)

로나가 자물쇠 비밀번호를 누르고 사물함을 연다. 가방에서 열쇠를 꺼내고 클로디의 외투 주머니에서 돈봉투를 꺼낸다.

#59. 실외-세탁소 앞(낮)

로나가 가게 유리창 뒤로 나타난다. 로나가 문을 열었다가 닫는다.

로나　　여기 있어.

로나는 열쇠와 봉투를 클로디에게 주고 다시 들어간다.

클로디　　잠깐만! 담배 살 돈 10유로만 있으면 돼.

로나는 클로디가 봉투에서 돈을 가져가길 기다린다.

클로디　　퇴원을 축하하는 의미로 점심 같이 먹을까?

로나　　안 돼. 일이 너무 많아.

클로디　　내가 저녁을 준비할게. 난 시간이 많으니까. 알겠지?

클로디가 봉투에서 10유로를 더 꺼낸다.

로나   마음대로 해.

클로디는 로나에게 봉투를 돌려주고, 로나는 세탁소 문을
민다.

클로디   몇 시에 와?
로나   몰라. 7시쯤.

로나가 세탁소로 들어간다.

#60. 실외-도시의 사거리(저녁)

로나가 외투를 입고 가방을 메고 붐비는 사거리를 건너 길
을 걷는다.

#61. 실외-로나와 클로디가 사는 건물 앞의 대로(저녁)

로나가 버스에서 내려 대로를 건넌다. 로나는 집을 향해
걷고 있다.

#62. 실내-로나와 클로디가 사는 건물 입구(저녁)

로나는 우체통이 있는 곳으로 간다. 우체통을 열지만 아무
것도 없다. 로나는 다시 계단으로 향한다.

#63. 실내-로나와 클로디의 집, 계단, 복도(저녁)

로나가 마지막 층계를 오른다. 집의 초인종을 누른다.

클로디　　(v.o) 누구세요?

로나　　　로나야.

클로디가 열쇠로 문을 여는 소리가 들린다.

#64. 실내- 로나와 클로디의 집, 거실(저녁)

로나가 문 근처 옷걸이에 외투를 걸고 가방에서 지갑을 꺼
낸다.

클로디　　(v.o) 우체통에 너한테 온 편지가 있어서 침대
　　　　　　위에 뒀어.

로나가 가스레인지 앞에서 무언가를 조리하는 중인 클로
디를 지나 방으로 간다. 로나는 방에 들어간다.

#65. 실내-로나와 클로디의 집, 방(저녁)

로나가 작은 서랍장 위에 지갑을 올려놓고 침대에 놓인 봉
투를 집어서 편지를 꺼내 읽는다.

클로디　　(v.o) 햄이랑 치즈를 넣고 마카로니 파스타를 만

들었어. 맛있을 거야.

로나가 계속해서 편지를 읽는다. 로나는 방문 근처에 있다.

로나　　법원에서 온 편지야. 이혼할 수 있대.

로나는 편지를 접어서 서랍장 위에 있던 지갑에 넣는다.

#66. 실내-로나와 클로디의 집, 거실(저녁)

로나가 외투를 입는다. 로나는 파스타를 요리하는 클로디 옆에 있다.

로나　　한 시간 후에 올게. 기다릴 수 있잖아?
클로디　　퇴원 기념으로 같이 밥 먹자고 했으면서.
로나　　한 시간 후에 먹자고.
클로디　　알겠어.

로나가 집을 나선다.

#67. 실외- 역 광장, 카페(저녁)

로나가 혼잡한 광장을 가로질러 카페로 들어간다.

#68. 실내-카페(저녁)

로나가 누군가를 찾아 두리번거린다. 빙고 게임이 벌어진 구석 쪽으로 몇 걸음 걷는다. 스피루가 게임을 하고 있다.

로나　　파비오는 없어?

스피루　택시에서 기다리고 있어.

로나는 다시 카페를 나간다.

#69. 실외-광장, 파비오의 택시(저녁)

로나가 파비오의 택시 운전석 문 옆에 기대어 있다. 차 창문이 열려 있고, 파비오가 운전석에 앉아 편지를 읽고 있다.

로나　　아무 짓도 안 했어. 맹세해. 고소한 게 전부야.

사이.

파비오　(계속해서 편지를 읽는다.) 너무 늦었어. 러시아
　　　　인은 더 기다릴 수 없을 거야.

로나　　한 달만 더 기다리면 된다고 말해줘.

파비오　그러면 이혼하고 한두 달 안에 다시 결혼한다는
　　　　거잖아. 그러다 걸려.

로나　　왜 안 돼? 남편이 나를 때렸는데. 이혼을 기다리

면서 다른 남자를 만날 수도 있잖아.

침묵.

파비오   약쟁이한테 3,000유로 주는 건 네 돈으로 해.
로나   알겠어. 러시아인에게 1만 유로 받으면 거기
         서…….
파비오   알겠어.

그는 로나에게 편지를 돌려준다.

파비오   내가 러시아인에게 연락할게. 한 달이면 허락할
         수도 있어.

택시 무전이 울리는 소리가 들린다. 파비오가 전화를 받
는다.

파비오   역에 있어요.
로나   돈 받으면 나한테 연락해줘.
파비오   알겠어.

로나는 광장을 건너며 멀어진다.

#70. 실외-로나와 클로디가 사는 건물 앞의 대로(저녁)

로나가 버스에서 내려서 길을 건넌다. 보도를 걸어 집으로 간다. 파비오의 택시에서 경적이 울린다. 파비오가 돌아온다. 로나는 차가 움직이는 방향을 바라본다. 차가 로나가 있는 곳으로 온다. 파비오가 유리창을 내리고 속도를 줄인다. 완전히 정차한 것은 아니다.

파비오   러시아인이랑 통화했어. 알았대.

파비오가 창문을 올리고 차를 다시 돌린다. 로나는 행복해 보인다. 로나는 잠시 광장에 서 있다가 집으로 간다.

#71. 실내-로나와 클로디의 집, 복도(저녁)

로나는 마지막 층계를 오른다. 열쇠가 없어서 초인종을 누른다. 클로디가 문을 연다. 그의 뒤에는 젊은 남자가 있다.

클로디   내 돈 줘.
로나   들어가도 되지?

로나가 클로디 앞을 지나 들어간다.

로나   (젊은 남자에게) 여기서 당장 나가!
클로디   내 돈 내놓으라고!

로나   먼저 나가라고 해! (젊은 남자에게) 나가, 이 사
        람이랑 할 말이 있으니까.

클로디   할 말 없어. 돈이나 내놔!

로나   일단 내 말 좀 들어봐.

클로디   (젊은 남자에게) 밑에서 기다려.

젊은 남자 10분이야. 더는 안 돼.

클로디   금방 갈게.

젊은 남자가 나가자 로나가 문을 잠근다.

로나   다시 할 거야?

클로디   내 돈!

로나   네가 받은 병원 전화번호로 연락을 하면…….

클로디   (말을 끊으며) 내 돈 돌려달라고!

로나   다시 손대지 않으면 좋겠어.

클로디   네가 원하는 대로 이혼했잖아. 내가 약을 하든
        말든 상관없으면서……. 돈 내놔!

클로디는 로나가 외투에서 봉투를 꺼내도록 재촉한다. 로
나는 그를 막기 위해 돌아선다.

로나   줄게.

로나는 겉옷 안주머니에 손을 넣는다.

로나　　세탁소 사물함에 두고 왔어.
클르디　　거짓말!

클로디가 로나의 외투를 움켜쥔다. 그들은 싸운다. 클로디가 로나의 손에서 (돈봉투가 있는) 외투를 빼앗는다. 그들은 바닥에 쓰러진다. 로나가 봉투를 내던지고 바닥에서 밀어버린다. 클로디는 의자 아래에서 봉투를 찾는다. 갑자기 로나가 현관문 쪽으로 뛰어가서 열쇠로 문을 잠그고 클로디가 다가오자 열쇠를 뺀다. 그들은 다시 싸운다. 열쇠가 바닥에 떨어지고, 클로디는 열쇠를 뺏기 위해 로나의 옷을 벗기지만, 로나는 클로디를 거칠게 밀어낸다. 클로디가 뒤로 넘어진다. 벽에 머리를 부딪친다. 클로디는 거의 나가떨어졌다. 로나는 다시 열쇠를 줍고 창가로 달려가 창문을 열고 열쇠를 던진다. 로나는 거칠게 숨을 쉬면서 넘어진 클로디를 바라본다. 클로디도 고개를 들고 숨을 거칠게 쉰다. 침묵. 로나가 외투를 벗는다.

클로디　　열쇠는…….
로나　　창밖으로 내던졌어.

로나는 신발과 양말, 니트를 벗는다. 브래지어와 바지, 팬티를 벗는다. 그녀는 클로디에게 다가가 그를 일으켜 세운다. 클로디가 로나를 바라보다가 니트를 벗고 바지, 팬티를 벗는다. 그들은 둘 다 발가벗고 있다. 로나가 클로디의 몸에 자신의 몸을 밀착한다. 그들은 서로를 껴안는다. 로나의 눈이 눈물로 젖어 있다. 클로디는 로나를 꼭 껴안고 만진다. 로나도 눈물을 흘리며 클로디를 끌어안는다. 그들은 서로 키스하고 격렬하게 어루만진다.

#72. 실내-철물점(아침)

클로디가 가게 앞에 놓인 낡은 자전거 몇 대를 보러 갔다가, 다시 로나가 서 있는 계산대 앞으로 간다. 계산대 뒤에는 열쇠공이 연마기와 줄로 열쇠 두 개를 만드는 중이다.

클로디   저 자전거들, 아직 잘 굴러가요?
열쇠공   어떤 거요?
클로디   파란색이요.
열쇠공   네. 50유로예요.

열쇠공은 열쇠 두 개를 만들어서 계산대 위에 놓는다. 클로디는 봉투에서 돈을 꺼내서 50유로를 열쇠공에게 준다.

클로디   (열쇠공에게) 제가 저 자전거를 살게요.
열쇠공   문 따는 데 60유로, 열쇠 두 개 값 10유로, 합쳐서 70.

클로디　　반씩 내자.

로나　　문은 내 잘못이야.

클로디　　내 잘못이기도 해.

로나가 외투에서 지갑을 꺼냈다. 그들은 돈을 내고 각자 열쇠를 가져간다.

#73. 실외-도시, 길(아침)

로나와 클로디는 나란히 걷는다. 클로디는 자전거를 밀면서 브레이크를 당겨본다. 담배를 피운다.

클로디　　하루 종일 타야지. 그러면 할 일을 찾지 않아도 되잖아. 점심에 너 보러 가도 돼?

로나　　안 돼. 금요일에는 할 일이 너무 많아. 내가 매장도 지켜야 해.

클로디　　밥 먹으려고 하는 거 아니야. 그냥 오늘의 목표를 정하는 거야. 자전거를 타고 가서 너를 보고 바로 다시 갈게.

그들은 빨간불 앞에서 멈췄다.

로나　　알겠어.

클로디 널 봐야 해. 그래야 버티는 데 도움이 돼. 그러니까 갈게. 자! (클로디가 돈이 들어 있는 봉투를 건넨다.) 네가 갖고 있는 게 나을 것 같아.

로나는 봉투를 받아서 외투 안주머니에 넣는다.

클로디 이따가 봐.
로나 응.

클로디가 자전거를 탄다. 출발한다. 횡단보도를 건너려던 로나는 마음을 바꿔 클로디를 향해 뛴다. 거의 클로디를 따라잡는다. 클로디가 속력을 낸다. 로나는 잠시 속도를 유지하다가 클로디를 놓친다. 숨차다. 로나는 멀어지는 클로디를 바라본다.

#74. 실내-클로디와 로나의 집(낮)

로나가 집에 혼자 있다. 로나는 이제 막 집에 들어온 것처럼 외투를 걸친 채로 선반에서 클로디의 옷을 찾고 있다. 로나는 구겨지고 얼룩진 셔츠를 발견하고 제자리에 놓는다. 목선이 찢어진 티셔츠도 집었다가 다시 놓는다. 짝이 맞지 않는 양말들도. 로나는 선반의 다른 칸에서 비슷해 보이는 양말 두 짝을 발견한다. 그녀는 양말을 말아서 그걸 들고 방으로 간다. 옷장을 열고 몸을 숙여 팬티를 꺼내

고 침대에 올려둔다. 개어 있는 바지를 펼쳐서 상태를 확
인한다.

#75. 실내-대형 마트의 의류 코너(낮)

로나는 손에 봉투를 들고 남성용 셔츠 코너에 있다. 그녀
는 셔츠를 골라서 계산대로 간다.

#76. 실내-병원의 영안실(낮)

로나는 영안실 안내데스크 옆에 있다. 그녀는 데스크에 비
닐봉지를 올려놓고 셔츠를 꺼낸다. 포장지를 벗기고 붙어
있는 것들을 떼어낸다.

영안실 직원 가족들이 다녀가셨어요. 장례식 비용을 지불하
시겠다고 했고요.

로나가 직원에게 셔츠를 건네자 직원이 번호가 붙어 있는
옷걸이에 건다.

로나 제가 한다고 말씀드렸는데요.
장례식 직원 가족들에게 말씀드렸지만 거절하셨어요.

로나가 바지와 팬티, 양말을 건네자, 직원이 옷걸이와 옷
걸이에 걸린 작은 망에 담는다.

로나   마지막으로 한 번 볼 수 있을까요?
장례식 직원 이미 보셨잖아요. 안 돼요. 게다가 경찰도 없고.
로나   제가 아내잖아요.

영안실 직원이 옷을 걸어놓은 옷걸이를 챙긴다.

영안실 직원 따라오세요.

직원이 복도를 걷자 로나가 그 뒤를 따른다. 그들은 문 뒤
로 사라진다.

#77. 실내-로나와 클로디의 집(저녁)

로나는 외투를 다시 입고 방의 옷장에서 옷들을 챙긴다.

파비오   왜 여기 남아 있지 않겠다는 거야? 경찰이 너를
            의심할 거라고.

로나는 대답하지 않는다. 로나는 계속해서 침대 위에 있는
가방에 옷을 담는다.

파비오   내 말을 듣고 있어, 로나?
로나   경찰이 내 전화번호를 알아.

로나는 서랍장을 열고 짐을 챙겨서 방문 옆에 있는 의자 위에 올려둔 상자에 담는다. 로나는 짐을 챙기다가 거실에서 무언가를 보고 파비오를 지나쳐 거실로 간다.

#78. 실내-로나와 클로디의 집(저녁)
로나는 클로디의 선반에 다가간다. 스피루가 그 옆에 웅크리고 있다.

로나　　　돌려줘.

스피루　　뭘?

로나　　　CD플레이어를 돌려달라고.

스피루　　이제 쓸 일 없잖아.

파비오　　돌려줘!

스피루가 외투 주머니에서 클로디의 CD플레이어를 꺼내 로나에게 건넨다. 로나는 그걸 들고 방문 앞 의자에 둔 상자에 담는다. 로나는 욕실로 간다.

#79. 실내-로나와 클로드의 집, 욕실(저녁)
로나가 욕실로 들어가 세면도구를 챙긴다.

파비오　　(v.o) 어디로 가?

로나　　　원래 있던 곳으로.

파비오   빌렸구나.

로나   거기 사는 애랑 합의했어.

로나는 계속해서 짐을 싼다.

파비오   (v.o) 계속 삐져 있을 거야?

로나는 대답하지 않고 짐을 싼다. 욕실에서 나온다. 파비오가 길을 막는다.

파비오   면도기랑 개 물건은 안 가져가?

로나   안 가져가.

파비오가 물러선다.

파비오   (스피루에게) 약쟁이 물건도 챙겨.

#80. 실내-로나와 클로디의 집, 방(저녁)

로나가 세면도구를 상자에 정리한다. 파비오가 그녀를 따라간다.

파비오   내가 러시아인이 기다리지 않겠다고 한 걸 말했
           으면 네가 다 망쳤을 거야. 그럴 것 같았다고. 네

가 버틸 수 있게 내가 도와준 거야. 나한테 삐질
게 아니라 감사해야 한다고.

로나는 수건을 접어서 가방에 넣는다. 파비오가 그녀에게
다가가서 돈을 건넨다.

파비오　　받아. 약속하지 않은 일을 하게 했으니까. 1,000유
　　　　　로야.

로나　　　무슨 일?

로나는 가방에 잠옷을 넣으면서 고개를 들지 않고 말한다.

파비오　　걔가 약을 끊으려고 할 때 돌보느라 고생했잖아.
　　　　　그렇지?

로나는 대답하지 않고 가방을 닫는다.

파비오　　네가 거절하는 게 싫어. 꼭 우리 편이 아닌 것 같
　　　　　아서.

로나가 반응하지 않자 파비오는 로나의 팔목을 거칠게 잡
는다.

파비오　　　우리 같은 편 맞지?

로나　　　그래.

로나는 벗어나려고 하지만, 파비오가 그녀를 붙든다.

파비오　　　넌 처음부터 우리와 한패였어. 잊지 마. 네가 그
　　　　　　놈한테 아무 말도 안 해서 우리 계획이 성공한
　　　　　　거라고. 알겠지?

로나　　　알아.

파비오는 로나의 손목을 놓는다. 로나는 상자를 닫으려고
의자가 있는 곳으로 간다.

파비오　　　1,000유로는 내가 갖고 있을게. 이건 네 거니까
　　　　　　원할 때 가져가.

그가 서랍장 위에 있던 사진을 가져간다.

파비오　　　(스피루에게) 가져가.

스피루가 액자를 가져가 비닐봉지에 넣는다.

#81. 실내-로나와 클로디의 집, 복도, 계단(저녁)

파비오가 상자를 들고 스피루가 비닐봉지를 손에 들고 계단을 내려간다. 로나가 가방을 발밑에 내려놓고 집을 열쇠로 잠근다. 파비오와 스피루가 계단에서 마주친 사람들에게 인사한다.

사복 경찰 (v.o) 모로 부인!

로나가 뒤돌아본다. 사복 경찰 둘이 계단에 있다.

사복 경찰 질문이 몇 개 더 남아 있습니다. 부검 결과가 나
　　　　 왔는데요…….
로나　　 네.

로나가 집 문을 다시 연다.

파비오　 (로나에게) 내가 가방을 들게.

파비오는 스피루에게 상자를 준다.

파비오　 (사복 경찰에게) 친구인데요, 도와주러 왔어요.
　　　　 여기서 혼자 있고 싶어 하지 않아서.

그가 로나의 가방을 든다.

파비오   (로나에게) 차에서 기다릴게.

#82. 실내-로나와 클로디의 집, 거실(저녁)

로나가 작은 테이블 옆에 있는 클로디의 의자에 앉아 있
다. 의자에 앉아 있는 사복 경찰들은 뭔가를 적는다.

로나   아니요.

사복 경찰 남편분이 죽기를 바라는 사람이나 원한 관계 같
       은 것은 없었나요?

로나   아니요.

사복 경찰 남편분이 막 약을 끊었는데, 우울증이 있었나
       요?

로나   아니요.

사복 경찰 자살을 언급한 적 있었나요?

로나   아니요.

사복 경찰 가정폭력으로 이혼을 요구하셨죠?

로나   네.

사복 경찰 남편분이 이혼이 성립된 걸 아셨나요?

로나   네.

사복 경찰 언제부터요?

로나   사흘 전에 법원에서 편지를 받았을 때요.

사복 경찰 (다른 경찰에게) 그 마약상은 무슨 날을 말한 거
지?

다른 경찰 (노트를 확인하며) 화요일 저녁, 3일 전에.

사복 경찰 (로나에게) 그날 저녁, 남편분이 헤로인을 사려
고 딜러에게 전화를 걸었습니다. 이혼 소식과 관
련이 있었을까요?

로나는 대답하지 않는다. 로나의 눈에 눈물이 고인다.

사복 경찰 딜러 말에 의하면 당신이 남편이 마약을 사지 못
하도록 말렸다더라고요.

로나　　네.

사복 경찰 우울증이 찾아온 순간에 혼자였고, 어쩌면 의도
적으로 혹은 사고로 마약을 과다 복용한 것 같습
니까?

사이.

로나　　저는 잘 모르겠어요……..

#83. 실외-장례식장 근처(낮)

로나는 누군가, 혹은 무언가가 있다는 듯이 한곳을 응시한
다. 얼마 후 로나는 영구차가 주차되어 있는 장례식장 입구

를 향해 걷는다. 근처의 작은 주차장에 차량 두 대가 들어
오더니 거기서 예닐곱 명의 사람이 내린다. 로나가 그들에
게 다가간다. 로나는 50대로 보이는 여성에게 말을 건넨다.

로나		클로디의 어머니신가요?
여성		아니요. 이쪽이에요

그녀는 다른 차에서 내리는 여자를 가리킨다. 로나가 그녀
쪽으로 간다.

로나		안녕하세요, 부인. 저는 로나입니다. 클로디와
		결혼한 사이예요.
클로디의 어머니 안녕하세요.
로나		감사 인사를 드리고 싶어서…….

로나는 외투에서 클로디의 돈이 담긴 봉투를 꺼내서 클로
디의 어머니에게 건네자 그녀가 받는다.

로나		클로디가 남긴 돈이에요.
클로디의 엄마 클로디가 내 이야기를 했어요?
로나		아니요…….

30대 남자가 또 다른 차에서 내려 로나와 클로디의 엄마가

있는 쪽으로 다가온다. 그는 딸로 보이는 여자아이와 함께
있다.

클로디의 엄마 (로나에게) 내 아들이에요. 클로디의 형이
    죠. (아들에게) 클로디의 아내래.

아들이 인사한다. 악수는 하지 않는다.

아들   (어머니에게) 뭐야?

어머니는 아들에게 제대로 답하지 못한다.

로나   클로디의 돈이에요. 그가 남긴 거예요.
아들   (로나에게) 당신이 아내잖아요. 당신이 가져요.

그가 어머니 손에 있던 봉투를 들고 로나에게 건넨다. 로
나는 받기를 망설인다.

로나   이 꼬마 숙녀에게 줄게요.
아들   우리는 그 녀석의 돈도, 당신 돈도 필요 없어요.

로나가 손을 뻗어 봉투를 받지 않자, 그가 봉투를 바닥에
떨어뜨린다. 그는 어머니와 딸을 데려가고, 장례식장 쪽으

로 사라진다. 로나는 떨어진 봉투를 줍는다.

#84. 실내-세탁소 탈의실(낮)

로나는 탈의실에서 옷을 갈아입는다. 사물함에 외투를 걸고, 작업용 앞치마를 두르고는 끈을 묶는다. 로나는 사물함을 닫고 자물쇠를 채우다가, 다시 사물함을 열고 외투에 손을 넣어 클로디의 돈이 들어 있는 봉투를 꺼내서 앞치마 주머니에 넣는다. 다시 사물함을 잠근다.

#85. 실내-세탁소(낮)

로나가 분주하게 다림질한다.

로나　　(또 다른 직원에게) 너무 더워. 2분만 바람 좀 쐬고 올게.

로나는 세탁소를 나간다.

#86. 실외-세탁소 뒷마당(낮)

로나는 문을 닫고 뭔가를 찾는 듯이 바닥을 바라본다. 로나의 발밑에 갈라진 포석이 있다. 로나는 몸을 숙여 주머니에서 봉투를 꺼내고 포석의 틈 사이로 봉투를 넣어보지만 틈이 깊지 않다. 그녀는 다시 일어선다. 마당의 반대쪽, 가꾸지 않은 화단이 있는 곳을 바라본다. 로나는 석판을 심어놓은 화단 가장자리까지 간다. 석판 하나를 움직여 석판과 땅 사이에 틈을 만들어 거기에 봉투를 집어넣고, 흙으로 석판을 다시 덮는다.

#87. 실내-로나의 셋방(낮)

로나가 옷을 반만 걸친 채로 침대에 누워 있다. 소콜은 벽에 등을 기대고 침대에 앉아 있고, 로나는 소콜의 품에 안겨 있다. 그들은 커피 한 잔을 마시고, 침대 근처, 커피메이커 옆에 있는 의자 위에 잔을 올려놓는다.

사이.

로나　　　(알바니아어로) 아니…… 그냥 안겨 있고 싶었
　　　　　　어. 좋아.

소콜　　　네가 불러서 1,000킬로미터를 달려온 거야. 오늘
　　　　　　저녁에 떠나.

살짝 신경질이 난 소콜이 일어난다. 로나는 소콜이 일어날 수 있게 몸을 일으키고 다시 침대에 눕는다. 소콜이 작은 탁자가 있는 창가로 간다. 담배를 들고 불을 붙인다.

소콜　　　이제 어떡해?

로나는 대답하지 않는다.

소콜   자?

로나   아니.

침묵. 소콜이 침대로 와서 로나의 다리 옆에 앉는다. 담배
를 몇 모금 피운다.

소콜   괴로워할 거 없어. 약쟁이는 목숨보다 약이라
         고. 어차피 언젠가는 다시 약에 빠졌을 거야. 그
         러다 죽었을 테고.

소콜은 일어나서 재떨이에 재를 턴다. 로나는 여전히 침대
에 누워 있다.

소콜   (v.o) 네가 봐둔 식당 자리를 보러 갈까?

사이.

로나   그래.

#88. 실외-도시의 상점가(낮)

로나와 소콜은 매물로 나온 1층 상가의 유리문으로 내부를
들여다본다. 그들은 유리문에 얼굴을 바짝 붙인다. 유리문
에 분주하게 쇼핑하는 사람들의 모습이 비친다.

소콜   (알바니아어로) 안쪽에 있는 문은 뭐야?
로나   (알바니아어로) 화장실이 있는 복도로 이어져.
         식당 홀은 여기가 전부야.

#89. 실외-도시의 거리(낮)

소콜은 매물로 나온 상점의 닫힌 문의 박공 위로 안을 들여다본다.

소콜   (알바니아어로) 작은 정원이 있어.
로나   (알바니아어로) 여름에는 테라스를 만들 수 있겠어.

소콜은 로나 곁으로 내려온다. 로나는 상점 문을 가린 신문지 틈으로 안을 들여다본다.

로나   더 큰 것 같아. 더 좋네. 공사를 조금 해야겠지만.
소콜   상관없어. (소콜도 로나 옆에 서서 틈으로 바라본다.) 위층이 있어서 좋다. 우리가 위에서 살아도 되고, 세놓아도 되고.

그들은 유리문에 얼굴을 붙이고 있다. 근처에서 신나는 음악이 들리자 뒤돌아본다. 그들은 음악이 흐르는 카페에서 사람들이 나오는 것을 본다.

로나   한잔할까?

#90. 실내-카페(낮)

로나와 소콜은 바 옆에 서서 맥주를 마신다. 사람들이 많다. 그들은 웃고 소리를 지르고 춤을 춘다.

소콜   (알바니아어로) 여기 좋다!
로나   (알바니아어로) 오늘 저녁에 꼭 가야 해?
소콜   응. 6시에 승합차가 와. 춤출까?

로나가 바에 술잔을 내려놓는다. 그들은 사람들 사이를 헤치고 몇 미터쯤 걷다가 다른 커플들과 함께 록앤롤 춤을 추기 시작한다. 로나가 웃으며 춤춘다. 소콜이 로나를 빙빙 돌린다.

#91. 실내-로나의 셋방 복도, 계단(저녁)

로나가 새 외투를 입고 어깨에 가방을 메고 방에서 나온다. 문을 닫고 열쇠를 구멍에 넣고 문을 잠근다. 계단을 내려온다.

#92. 실외-거리, 카페(저녁)

로나가 붐비는 거리를 걷다가 카페로 들어간다.

#93. 실내-카페(저녁)

로나는 파비오와 남자 둘이 있는 테이블 앞에 선다. 파비오가 그들을 소개한다.

파비오   (두 남자에게) 이쪽이 로나예요. (로나에게) 안
          드레이 아슬리코프야. 이쪽은 친구 코스티아인
          데, 러시아어와 프랑스어를 할 줄 알아.

두 남자는 로나에게 인사하고 악수를 청한다. 로나는 그들과 악수한다. 파비오는 로나를 테이블에 앉힌다.

파비오   (로나에게) 뭐 마실래?
로나   맥주.
파비오   (두 남자에게) 뭐 더 마실 거예요?

코스티아는 안드레이에게 더 마실 거냐고 묻는다.

코스티아 (파비오에게) 아니요, 괜찮아요.
파비오   (종업원에게) 맥주 한 잔이요!

안드레이가 코스티아에게 러시아어로 뭔가를 묻는다.

코스티아 (파비오에게) 벨기에 신분증을 보고 싶대요.

로나는 지갑에서 신분증을 꺼내서 안드레이에게 준다. 안드레이와 코스티아가 신분증을 확인하고 사회보장번호를 적는다.

파비오　　(로나에게) 서류 가져왔어?

로나가 가방에서 서류를 꺼내서 파비오에게 준다. 그사이 종업원이 맥주를 가져오고, 파비오는 무슨 말을 하려다 입을 다물고는 로나가 맥주를 집고 종업원이 가기를 기다린다.

파비오　　(코스티아에게 서류를 보여주며) 남편이 죽었고 과부이며 결혼할 수 있다는 것을 증명하는 서류예요.

코스티아는 서류를 받아서 주의 깊게 읽는다.

#94. 실내/실외-도시, 파비오의 택시(밤)
로나는 파비오 옆에 앉는다. 파비오는 운전 중이다.

파비오　　선금으로 5,000 받았어.

파비오가 외투 주머니에 손을 넣어 갈색 봉투를 꺼내서 로나에게 건넨다.

파비오　　네 몫을 챙겨 가.

로나는 봉투를 열고 돈을 꺼낸다. 20유로짜리 지폐를 25장씩 묶어놓았다.

파비오　　개네들이 모스크바에서 파는 담뱃값이야. 40유로가 아니라 20유로.

로나가 세 묶음을 챙긴다. 로나는 봉투를 다시 닫고 파비오에게 돌려준다.

파비오　　네가 싫다던 1,000유로도 줄까?

로나는 대답하지 않는다. 로나는 외투 주머니에 돈다발 세 개를 넣는다. 파비오는 500유로짜리 지폐 두 장을 꺼내서 대시 보드에 놓는다.

파비오　　내가 잘 보관한다고 했잖아. 돌려줄게.
로나는 반응하지 않는다. 로나는 앞만 본다. 잠시 후, 차가 천천히 로나의 셋방이 있는 건물 앞에 도착한다. 차가 멈춘다. 로나가 문을 연다.

파비오   잘 가.

로나는 내리기 전에 500유로 지폐 두 장을 가져간다.

로나   잘 가.

#95. 실외-미래의 식당 앞(낮)

로나는 빠른 걸음으로 걷는다. 기분이 좋아 보인다. 로나는 이전에 봤던 매물로 나온 가게에 도착한다. 로나는 열쇠를 꽂는다.

#96. 실내-미래의 식당(낮)

흥분한 로나가 휴대전화로 전화를 건다(새 휴대전화다). 휴대전화를 들고 주위를 둘러보며 기다린다.

로나   (알바니아어로) 나야! 우리 식당에 왔어. 그래! 막 들어왔어! 응! 휴대전화를 새로 샀어. 외국에도 전화할 수 있어. 뭐라고? 응. 오늘 아침에 서명했어. 응. 행복해. 우리의 식당이야, 소콜! (로나가 행복해서 눈물을 흘린다.) 잠깐, 재볼게.

로나는 한쪽 벽에서 반대쪽 벽으로 걸으면서 걸음을 재본다.

로나　　　하나, 둘, 여덟, 아홉 걸음. 대략 길이가 7미터야.

로나는 세로를 걸음으로 재본다.

로나　　　하나, 둘, 둘 반. 카운터까지 대략 3미터 반. 테이
　　　　　블을 두세 개 놓을 수 있을 것 같아.

로나는 휴대전화를 들고 복도를 향해 걷는다.

로나　　　응. 작은 복도가 있어. (문을 연다.) 화장실이 있
　　　　　고, 물건을 저장할 수 있는 작은 공간이 있고, 입
　　　　　구로 이어지는 복도가 있고, 입구는 계단으로 이
　　　　　어져.

로나는 좁은 계단을 올라 2층으로 올라간다. 계단 맞은편
에 있는 문을 연다.

로나　　　2층 계단 앞인데, 샤워 부스와 화장실이 있는 욕
　　　　　실이 있어.

로나는 왼쪽 문을 연다.

로나　　　옆에는 살림할 수 있는 공간이 있는데, 거실이

있고 작은 주방이 딸려 있고 또 방이 있어. 테라
스로 만들 수 있는 정원이 보여. 그래. 3층으로
올라갈게.

로나는 거실에서 나와서 좁은 계단을 오른다.

로나　　3층에는 거실 크기의 공간이 있는데 거기에 우
　　　　리 방을 만들면 될 것 같아. 옆에는⋯⋯.

말하던 로나는 점점 숨이 차서 힘든 듯 멈춘다. 한 손으로
는 휴대전화를 들고 다른 한 손으로는 난간을 붙잡고 있다.

로나　　잠깐만! 잠깐!

로나는 숨을 고르고 계단에 앉는다.

로나　　소콜, 아니야. 아니, 괜찮아. 너무 행복해서⋯⋯
　　　　아침도 안 먹고, 점심도 굶었어. 너한테 전화하
　　　　려고 휴대전화를 사서 바로 온 거야.

로나는 일어나려고 하지만 몸이 좋지 않다는 걸 느낀다.
그녀는 앉아 있다. 몸이 좋지 않다. 그녀의 목소리에 힘이
없다.

로나　　갑자기 혈압이 떨어져서 그럴 거야. 다시 전화할
　　　　　게. 응. 그래.

그녀는 전화를 끊고 휴대전화를 계단에 놓는다. 한쪽 손으로는 난간을 잡고 다른 손으로는 얼굴을 만진다. 이마, 초점을 잃은 눈, 숨을 깊게 내쉰다.

#97. 실내-병원 대기실, 탈의실(낮)

로나는 대기실 의자에서 막 일어난다. 그녀의 손에 서류가 들려 있다. 그녀는 탈의실로 향한다. 간호사가 탈의실 문을 열어준다. 로나가 탈의실로 들어가면서 서류를 간호사에게 준다.

간호사　　옷을 완전히 벗어주세요. 이걸 입으시고요. 제가
　　　　　부르러 올게요.

간호사는 로나에게 환자복을 주고(뒤에서 끈을 묶는 옷으로 무릎까지 내려온다) 탈의실 문을 열고 나가 진료실로 간다. 로나는 옷을 벗는다. 거울 옆에 있는 옷걸이에 외투를 건다. 그녀는 의자에 앉아서 바지를 벗고 옷걸이를 들고 일어난다. 로나는 거울을 보면서 옷을 벗는다.

#98. 실내-진료실(낮)

환자복을 입은 로나가 의사를 마주 보고 앉아 있다. 의사
는 책상에 앉아서 그녀가 말하는 것을 받아 적는다.

로나   아니요.

의사   수술한 적 있으세요?

로나   아니요.

의사   지병이 있거나, 오래 병을 앓았거나, 치료했는데
        병이 재발한 적은요?

로나   없어요.

의사   현재 드시는 약이 있으세요?

로나   없어요.

의사   마지막 생리는요?

로나   한 달하고 3주 지났어요.

의사   그러면 단순히 검진을 받으러 오신 건가요? 아
        니면 특별한 이유가 있으실까요?

로나   낙태를 원해요.

의사   임신 중단을 원하시는군요. 임신 주수를 정확히
        알기 위해 초음파 검사를 하고 시술을 위해 다
        시 약속을 잡도록 하죠. 어쨌든 법적으로 8일이
        지나야 해요. 당신의 결정에 대해 생각할 시간을
        드려야 하니까요.

의사가 자리에서 일어난다.

의사　　　(v.o) 여기 누우세요.

로나가 자리에서 일어난다.

의사　　　(v.o) 부인?

잠시 후 로나가 자리에서 일어나 진찰대로 가다가 멈춘다. 갑자기 의사의 품 안으로 쓰러진다. 의사가 우는 로나를 안아준다. 의사는 놀라고 당황한다. 로나가 벌떡 일어나 탈의실로 걸어간다.

의사　　　(v.o) 초음파 검사 안 하실 거예요?

로나는 대답하지 않고 탈의실로 들어가 문을 잠근다.

#99. 실내-병원 탈의실(낮)

로나는 여전히 울고 있다. 환자복을 벗고 브래지어를 채우고 셔츠를 다시 입기 시작한다.

의사　　　(v.o) 부인?

로나는 대답하지 않는다. 옷 입는 동작이 한두 번 더 이어
지다가 의자에 쓰러지듯 앉아서 운다.

의사   (v.o) 부인, 제 말 듣고 계세요?

사이.

로나   안 지울래요.

의사   (v.o) 임신 중단을 하지 않으신다고 해도 초음파
               검사는 하는 게 좋아요. 임신 상태를 봐야죠.

로나는 여전히 의자에 앉아서 운다. 의사의 말이 들리지
않는 듯하다. 그녀는 셔츠의 단추를 잠그기 시작하고 옷걸
이에 걸어둔 바지를 입으려고 일어난다.

#100. 실외-세탁소 뒤뜰(낮)

작업복을 입은 로나가 세탁실에서 나와 화단을 향해 걷는
다. 주위를 살펴보다가 몸을 숙이고 화단의 돌을 옮긴다.
돌을 들어 올리고, 돈이 들어 있는 봉투를 꺼낸 후 다시 돌
을 제자리에 놓는다. 로나는 더러운 봉투에서 돈을 꺼내고
봉투를 구겨서 버리고 돈을 앞치마 속에 넣는다.

#101. 실내-은행 창구(낮)

로나가 창구 앞에서 직원을 마주한다.

은행 직원 성함이요?

로나   아니요, 아이의 이름으로 만들고 싶은데…….

은행 직원 태어난 사람 앞으로만 계좌를 열 수 있어요.

로나   7개월 반, 8개월 후면 태어나요.

은행 직원 네. 그렇지만 아직 태어나지 않았잖아요. 제가
        할 수 있는 일은 아이가 태어나면 계좌를 열 수
        있도록 예약해놓는 것뿐이에요.

로나   좋아요.

로나는 외투 주머니에서 클로디의 돈을 꺼낸다.

로나   이걸 넣어주시겠어요?

은행 직원 아니요. 태어난 후에만 가능해요. 저희 은행에
        있는 고객님의 계좌에 일단 넣어뒀다가 아이가
        태어나면 옮겨달라고 말씀해주세요.

로나   제 계좌는 식당을 열려고 빌린 돈을 갚는 용도고
        요. 저는 돈 전체가 아이 앞으로 되어 있는 통장
        을 원한다고요.

은행 직원 고객님 앞으로 계좌를 하나 더 열면 어떨까요?

로나   알겠어요.

은행 직원 일단 아이를 위해 계좌번호를 예약할게요.

은행 직원이 컴퓨터 자판을 두드린다.

은행 직원 이름은 아직 없고…… 성은요?
로나   모로요.

#102. 실내-로나의 셋방(저녁)

로나가 침대에서 옷을 입은 채로 잠들었다. 누군가 문을 두드리지만 로나는 반응이 없다. 더 세게 문을 두드린다.

파비오   (v.o) 로나! 로나!

로나가 잠에서 깬다.

로나   응.

로나가 잠이 덜 깬 채로 일어나 문을 향해 몇 걸음 걷는다. 문을 연다.

파비오   러시아인과 만나기로 한 거 잊었어?
로나   잤어.

로나는 세면대를 향해 간다.

파비오　　(v.o) 내가 전화도 하고 밑에서 초인종도 눌렀다고. 다행히 어떤 남자가 나왔어.

로나가 세수하고 얼굴을 닦는다.

파비오　　(v.o 전화) 여보세요, 파비오입니다. 네. 안드레이에게 바로 도착한다고 전해줄래요? 네, 알아요. 택시에 문제가 생겼어요. 네. 죄송합니다. (전화를 끊는다.)

파비오가 통화하는 동안 로나는 파비오 쪽으로 가서 부츠를 집어 들고 침대에 걸터앉아 부츠를 신는다.

파비오　　(v.o) 서둘러!

로나는 부츠 한쪽을 신고 다른 한쪽을 신는다.

로나　　나, 임신했어.
파비오　　무슨 말이야? 확실해? 병원에 갔었어?
로나　　응.
파비오　　러시아인은 어떡하려고! 조심 했어야지. 소콜, 바보 같은 놈! 너도! 젠장!

로나는 지퍼가 올라가지 않아 부츠를 벗어야 한다.

파비오   다음 주에 지워. 내가 돈 빌려줄게. 서둘러!
로나   낳겠다고 하면?
파비오   안 되지. 러시아인과 맺은 거래 조건에 임신한 여자는 없었어.
로나   임신을 인정해달라고 요구한 적 없어.

로나는 부츠를 신고 일어나서 외투를 걸친다.

파비오   어쨌든! 약속한 것관 다르니까!

#103. 실내-카페, 댄스홀(저녁)

댄스 무대가 있는 카페. 로나와 파비오와 안드레이, 코스티아가 테이블에 앉아 있다. 다른 테이블에도 손님이 있다. 파비오는 러시아인 둘과 맥주를 마신다. 로나는 크로크무슈를 먹고 맥주를 마신다. 댄스 뮤직이 흐른다.

파비오   (입구 쪽으로 소리치며) 미키!

방금 들어온 남자가 그들의 테이블로 다가온다.

파비오　　(코스티아에게) 미키를 소개할게요. 결혼식 증
인 중 한 명이에요.

코스티아가 안드레이에게 통역한다. 미키는 그들과 악수
하고 로나와 볼 키스를 한다.

파비오　　(코스티아에게) 신문 배달을 하는데 저도 로나도
함께 일한 적이 있어요. 믿어도 되는 사람이죠.
경찰이 증인을 심문하기도 하거든요. 문제가 없
는 사람이어야 해요.

코스티아가 안드레이에게 통역한다. 미키가 파비오 옆에
앉는다.

파비오　　(로나에게) 두 사람이 함께 춤을 추면 좋겠는데,
사람들이 볼 수 있게. (코스티아에게) 안드레이
가 로나와 춤을 추면 좋겠어요. 사람들이 볼 수
있게요. 로나가 여기서 만났다고 하면 바텐더나
다른 사람들이 그렇다고 할 테니까.

코스티아가 안드레이에게 통역하자, 안드레이가 일어나
로나에게 춤을 권한다. 로나가 일어나 그를 따라서 작은
무대로 간다. 느린 음악이 흐른다. 그들은 춤을 추기 시작

한다. 로나는 파비오가 화장실에 가는 것을 본다.

로나　　　당신은 내게 아기가 있어도 괜찮아요? 나는…….

안드레이　안드레이의 아기? 결혼, 좋아요. 섹스, 좋아요.
　　　　　　아기는 안 돼요.

로나　　　아니, 내 아기요. 당신 아기가 아니라. 당신하고
　　　　　　는 결혼만 하고.

안드레이는 이해하지 못한다.

로나　　　아무것도 아니에요. 나중에 이야기해요.

안드레이는 코스티아가 있는 쪽으로 휘파람을 분다.

로나　　　아니요!

로나는 그가 휘파람 부는 것을 막지 못한다. 코스티아가
그들에게 온다. 로나가 말할 새도 없이 안드레이가 그에게
러시아어로 말한다.

코스티아　(로나에게) 결혼은 좋지만 아이는 안 된대요.

로나　　　이 사람이랑 아이를 낳을 생각은 없어요. 나는
　　　　　　그저 내가 다른 사람의 아기를 임신했다면 결혼

을 하겠느냐 묻는 거예요. 그저 그걸 물었던 거
라고요.

코스티아가 로나의 말에 놀란 것처럼 보인다. 그는 안드레
이에게 통역하고 안드레이가 러시아어로 대답한다. 로나
는 파비오가 나타나는지는 않는지 화장실 쪽을 바라본다.

코스티아 (로나에게) 동의할 수 없답니다. 그러면 아기를
위해서도 돈을 지불해야 하니까. 약속한 대로 일
이 진행되길 원한대요.

로나 나도 그래요. 돈을 받으려고 내 아기를 인정해달
라는 게 아니라고요. 그냥 그저……

파비오가 로나 뒤로 나타난다.

파비오 무슨 일이야?

로나 아무것도 아니야.

코스티아 안드레이에게 아기가 있어도 결혼을 하겠느냐고
묻네요.

파비오 (로나에게) 왜 그런 걸 묻지?

로나 그냥. 나도 내 인생이 있잖아. 일어날 수 있는 일
이고.

파비오 그런 일이 있으면 낙태해. (코스티아에게) 걱정

하지 말라고 전해주세요. 아이는 없다고. 결혼
전에 의사에게 검사해봐도 된다고.

코스티아가 안드레이에게 통역하자 안드레이가 러시아어
로 뭔가를 말한다.

코스티아　좋대요. 의사 친구가 있다고 하네요.
파비오　　좋아요. 계속 추세요.

그들이 가고 안드레이와 로나만 남는다. 그들은 다시 춤을
추기 시작한다.

#104. 실외-카페, 댄싱홀에서 가까운 거리(밤)

로나가 보도에 있다. 파비오가 조금 떨어져 차에 올라타는
러시아인들과 인사를 나눈다. 파비오가 로나에게 다가온다.

파비오　　말하지 말라고 했잖아.
로나　　　어떻게 생각하는지 알고 싶었을 뿐이야.

그들은 조금 떨어진 곳에 주차한 파비오의 택시가 있는 쪽
으로 간다. 러시아인들이 차의 시동을 거는 소리가 들린
다. 러시아인들은 그들 곁을 지나가며 경적을 울린다. 그
들은 손을 흔들면서 인사한다. 갑자기 파비오가 로나의 팔

을 잡더니, 거칠게 움켜쥐고 얼굴을 가까이 댄다. 로나가
아파한다.

파비오   다시는 그러지 마! 절대로! 알았어?
로나   응.
파비오   내가 하라는 대로만 해! 다른 건 안 돼! 아무것도!
로나   응.

그가 로나를 놓아준다. 그들은 몇 미터를 걷다가 택시 앞
에 도착한다.

파비오   내일 아침 병원에 가서 지워. 내가 같이 갈 테니까.

로나가 뒷좌석에 서 있다가 통증으로 신음하며 배를 부여
잡고 주저앉는다. 파비오가 그녀에게 다가간다.

파비오   왜 그래?

로나가 고통으로 신음한다.

#105. 실내-병원 응급실(밤)

간호사가 로나가 누워 있는 들것을 옮겨 온다. 로나는 응
급실에 있고, 파비오가 앉아서 기다린다.

간호사   (파비오에게) 의사 선생님이 오셔서 검사할 겁니다.

간호사가 간다.

파비오   지워달라고 했어?

로나는 대답하지 않는다. 정신이 다른 데 가 있는 듯하다.

파비오   로나? 지워달라고 했냐고?
로나   아니.
파비오   왜?

로나가 대답하지 않는다.

파비오   소콜 전화번호 있어?
로나   내 외투 속 휴대전화에.

파비오는 일어나서 응급실 옷걸이에 걸려 있는 로나의 옷
에 있는 휴대전화를 가지러 간다.

로나   애 아빠는 소콜이 아니야. 클로디야.
파비오   약쟁이? 약쟁이랑 잤어?
로나   클로디야.

파비오　　입 다물어!

파비오는 소콜의 번호를 자신의 휴대전화에 입력한다. 커튼이 열리고 여자 의사가 나타난다.

의사　　(파비오에게) 안녕하세요. 남편이신가요? 애인?

파비오　　친구예요. 제가 차로 데려왔어요.

의사　　(로나에게) 진통제를 맞아서 좀 나아지셨나요?

로나　　네.

의사　　초음파로 보여드렸듯이 임신이 아니에요. 받아들이고 싶지 않으시겠지만. 혼란스러우신 것 같아요. 사흘 정도 지켜보면서 검사 몇 개를 더해야 할 것 같아요. 괜찮으시죠?

로나　　네.

의사　　좋아요. 병실을 잡아드릴게요. 저희가 데리러 갈 거예요.

파비오　　가능하면 1인실로 주세요.

의사　　가능할 겁니다.

파비오　　감사합니다.

의사가 커튼을 열고 밖으로 나간다.

파비오　　왜 임신이라고 한 거야?

로나   임신이야.

파비오   의사가 아니라고 하잖아. 의사가 너보다 더 잘
          알아.

로나   아니야.

#106. 실내/실외-병원 엘리베이터, 복도(밤)

엘리베이터 안, 로나가 휠체어에 앉아 있다. 로나의 곁에
있는 간호사가 휠체어를 잡는다. 파비오가 옆에 있다. 엘리
베이터 문이 열리고 간호사가 휠체어를 엘리베이터 밖으로
당긴다. 여자 간호사(모니크 소벨)가 엘리베이터에 탄다.

로나   부인!

간호사가 로나를 돌아본다.

로나   저를 기억하세요?

간호사   아! 안녕하세요, 부인.

엘리베이터가 닫히고, 간호사가 닫히는 문을 멈추게 하려
고 손을 뻗는다.

로나   클로디, 클로디를 기억하세요?

여자 간호사 네. 남편분이시죠. 죄송해요, 제가 가야 해서.

로나   저를 보러 와주시겠어요?

여자 간호사 네.

그녀가 엘리베이터를 타자 문이 닫힌다. 남자 간호사가 로나의 휠체어를 밀어주다가 복도 벽에 세운다.

남자 간호사 여기서 기다리세요. 어느 입원실인지 볼게요.

남자 간호사가 멀어진다.

파비오   입원실에 같이 있어도 되나요?

간호사   네. 그러세요. 간이침대가 있어요.

#107. 실내-병원, 로나의 입원실(낮)

로나가 옷을 입고 침대에 앉아서 양말을 신는다.

로나   (알바니아어로) 그람시로 돌아가고 싶지 않아.

소콜   (v.o 알바니아어로) 그게 최선책이야.

사이.

로나   여기 있을 수 있게 부탁해봐.

그녀는 일어나서 소콜 앞을 지나 창가에 기댄다.

소콜　　　안 된다고 했어. 널 못 믿겠대. 네가 말이 너무
　　　　　많다고.

로나는 식사가 준비된 작은 테이블 앞에 앉는다. 소콜에게
살짝 등을 돌리고 있다.

소콜　　　파비오가 그러던데, 네가 간호사한테 다 이야기
　　　　　하려고 했다고.

로나　　　간호사가 클로디를 알고 있어. 그래서 간호사한
　　　　　테…….

소콜　　　(말을 끊으며) 입 다물어!

로나가 접시 위에 있는 텀블러의 뚜껑을 연다.

로나　　　(눈에 눈물이 차오르며) 네가 나를 사랑했다면
　　　　　내가 왜 아기를 지키려고 했는지 이해했을 거야.

소콜　　　아기는 없었어. 그만해!

로나는 등을 돌린다.

로나　　　바람피우려고 했던 거 아니야.

소콜   그 얘긴 더 이상 하지 마!

침묵. 로나가 컵에 물을 따르고 소콜에게 컵을 건네려고
몸을 돌린다.

소콜   됐어.

입원실 문이 열리고 파비오가 외투를 입고 나타난다. 그의
손에 플라스틱 서류철에 담긴 문서가 있다.

파비오   (로나에게) 서류를 작성하고 서명은 하지 마. 은
            행 지점장이 네가 직접 와서 서명하라고 했어.

파비오가 테이블에 서류를 올려놓고 종이 한 장을 꺼낸다.

파비오   (소콜에게 이탈리어로) 봐.

그가 소콜에게 다가가고, 소콜이 의자에서 일어난다. 파비
오가 소콜에게 종이를 보여준다.

파비오   (이탈리아어로) 대출을 중단했기 때문에 보증금
            에서 이걸 가져가는 거야. 이건 매매 계약이 중
            단됐으니까.

소콜   (이탈리어어로) 개새끼들…….

파비오는 종이를 다시 넣는다.

파비오   (소콜에게, 이탈리어어로) 의사가 다녀가면 날 불러.

파비오가 나가자 로나는 먹기 시작한다.

로나   (알바니아어로) 너도 저 자식이랑 똑같아. 네 관
           심은 오직 돈을 되찾는 것뿐이지.
소콜   파비오가 너 때문에 러시아인들한테 돈을 못 받
           았으니까 그걸 가져가려고 하는 건 당연하잖아.
로나   너에 대해서 말하는 거야. 보증금으로 네가 낸
           돈은 가져가. 난 널 다시 안 볼 거니까.
소콜   그람시로 갈게.
로나   아니, 넌 안 올 거야.

#108. 실외-거리, 은행(낮)

로나와 소콜이 은행에서 나와 근처에 주차한 파비오의 택
시를 향해 걷는다.

#109. 실내/실외-파비오의 택시(낮)

로나는 자동차 뒷좌석에 앉아 있다. 로나 옆에는 가방 두

개와 그녀의 짐이 있다. 로나는 가방에서 돈이 들어 있는 은행 봉투를 꺼내 운전석에 앉아 있는 파비오에게 준다. 소콜은 동승자석에 앉아 있다. 파비오는 봉투를 열고 돈을 일부 가져가서 세고, 나머지를 소콜에게 준다. 소콜도 자신의 몫을 계산하기 시작한다.

파비오　　(로나에게) 보너스로 준 1,000유로도 가져간다.
소콜　　(로나에게, 알바니아어로) 내가 4,600유로 넣었지?

로나는 답이 없다.

소콜　　4,600유로 넣은 거지?
로나　　네가 나보다 더 잘 알잖아.

파비오는 돈을 가져가고, 소콜이 돈을 세는 동안 차에 시동을 건다. 잠시 후, 소콜은 로나에게 나머지 돈이 들어 있는 봉투를 건넨다. 로나는 그걸 다시 가방에 넣는다.

#110. 실외-고속도로, 주차장(낮)

파비오의 택시가 고속도로를 달리다가 깜빡이를 켜고 주차장으로 연결되는 교차로로 들어가다가 주차장을 둘러싼 나무 뒤로 사라진다.

#111. 실내, 실외-파비오의 택시-고속도로 주차장(낮)

소콜이 발밑에 있던 가방을 들어서 무릎 위에 올린다. 그가 뒤돌아 로나를 본다.

소콜　　　(알바니아어로) 밀라노에서 한 달 있다가 그람시로 널 만나러 갈게.

로나는 대답하지 않고 그를 바라본다. 그가 다시 몸을 돌리고 문을 열고 나간다.

로나　　　소콜.

소콜이 그녀를 돌아본다. 문이 이미 조금 열려 있다.

소콜　　　왜?

로나는 대답하지 않고 바라본다.

소콜　　　잘 가.

소콜이 나간다. 차 창문 너머로 그가 국제 수송 트럭으로 향하는 게 보인다.

#112. 실내/실외-파비오의 택시, 고속도로, 도로(낮)

로나가 가방 옆에 앉아 있다. 파비오가 운전하고 엔진 소리와 타이어가 아스팔트에 부딪히는 소리가 들린다. 차는 고속도로를 벗어난다.

파비오	스피루 집에 갈 거야. 스피루가 널 데려다줄 거고.

파비오　　스피루 집에 갈 거야. 스피루가 널 데려다줄 거고.

로나　　　스피루가 길을 알아?

파비오　　지도가 있어. 티라나까지는 내가 알려줬으니까
　　　　　그다음은 네가 설명해줘.

차가 계속 달린다.

#113. 실외-마당, 차고(낮)

차고로 둘러싸인 안마당. 로나는 파비오의 택시에서 내려서 스피루의 차 뒤에 가방을 싣고 문을 닫는다. 로나가 동승자석의 문을 열려고 한다.

파비오　　휴대전화 줘.

로나　　　왜?

파비오　　내놔!

로나가 외투에서 휴대전화를 꺼내서 건네자, 파비오가 심카드를 뺀다.

로나   전화할 일이 있으면?

파비오   스피루에게 부탁해.

파비오는 휴대전화를 돌려주고 로나는 차에 탄다.

#114. 실내/실외-차, 시골길(낮)

자동차가 달리다가 다리 밑으로 지나간다. 고속도로로 진
입한다.

로나   왜 고속도로를 타는 거야?

스피루   주유하려고.

자동차가 달린다.
차가 주유소 근처에 다다른다.

로나   주유소가 저기 있네. 주유하는 동안 화장실에 다
          녀올게.

로나는 스피루가 속도를 줄이지 않는 걸 본다.

스피루   더 싼 곳이 있어.

사이.

로나   오줌 마려워. 세워.

스피루   주유소까지 못 참겠어?

로나   응.

차가 계속 달린다.

#115. 실외-갓길, 시골길(낮)

로나가 갓길에 세운 차에서 가방을 들고 내리려고 한다.

스피루   가방 놓고 가. 오줌 싸는 데 필요 없잖아.

로나는 가방을 좌석 밑에 내려놓는다. 로나가 차에서 내려 덤불을 향해 걷는다. 차 엔진 소리가 들리고, 로나가 덤불 뒤에서 오줌을 쌀 만한 곳을 찾는 듯 바닥을 바라본다. 로나는 몸을 구부리고 바지와 팬티를 내리고 오줌을 싼다. 로나는 바닥에서 주먹만 한 돌을 발견하고 하나를 집어서 외투 주머니 속에 넣는다. 로나는 낮은 목소리로 뱃속의 아기에게 말한다.

로나   저놈들이 우리를 죽이려고 해. 겁내지 마. 내가
          지켜줄게.

로나는 일어나서 옷을 입고 차로 돌아와 좌석에 앉아서 문

을 닫는다. 스피루가 도로에 차량이 오는지 확인하려고 옆 창문을 보는 순간, 로나가 돌로 그의 머리를 때린다. 한 번, 두 번……. 스피루가 옆 창문에 머리를 대고 쓰러진다. 로나는 서둘러 차에서 내린다. 그녀는 잊은 것을 되찾으려는 듯 후진하고 싶지만 계속 숲을 향해 덤불 뒤를 달린다.

#116. 실외-숲(낮)

로나가 나무 기둥 뒤에 기대 숨을 몰아쉰다. 로나는 어느 방향으로 도망쳐야 할지 모르는 사람처럼 앞을 바라본다. 그녀는 숨을 고르면서 여전히 나무 기둥 뒤에 기대 있다.

로나　　　더 달려야 해. 그래야 안심할 수 있어.

로나는 오솔길을 향해 달린다. 잠시 그 길을 따라가다가 초목이 무성한 경사지를 향해 방향을 바꾸고 그곳을 오른다.

#117. 실외-숲/사냥용 오두막(해 질 무렵)

로나가 어느 사냥용 오두막의 나무판자로 된 차양을 억지로 열려고 한다. 레버로 사용한 나무가 차양에 끼여 부러진다. 그녀는 다른 나무를 이용해서 차양을 열고, 나무로 유리를 깨고 창문을 열고 들어간다.

#118. 실내-사냥용 오두막(저녁)

로나는 창틀로 사용된 판자에서 성냥을 발견한다.

로나   불을 피울 수 있겠어. 추워.

벽난로가 있고, 테이블, 벤치 두 개, 초 몇 개, 장작, 플라스틱 통이 있다. 로나는 플라스틱 통을 열고 구멍에 대고 액체 냄새를 맡는다. 다시 닫는다. 장작을 보러 간다. 바라본다……

로나   불을 피울 만한 나무가 있는지 보고 와야겠어.

로나가 창문으로 나간다.

#119. 실외-숲, 사냥 오두막 근처(저녁)

로나가 고개를 숙이고 천천히 걷다가 때때로 나무를 줍기 위해 몸을 숙인다. 멀리서 새 우는 소리가 들린다. 로나는 몸을 일으켜 세운다.

로나   들리니?

침묵. 새 우는 소리가 다시 들리는데 가까이 있는 것 같다. 로나는 다시 나무를 줍고, 한 번 더 새 우는 소리가 멀리서 들린다. 로나는 계속 나무를 줍는다. 머리는 바닥을 향한다. 로나가 운다. 눈물을 흘리며 중얼거린다.

로나　　넌 살 거야. 널 죽게 놔두지 않아. 절대로. 내가 네 아빠의 죽음을 막지는 못했지만 너는 살아야 해.

로나는 잔가지 몇 개를 계속 줍다가 울음을 터뜨리며 무너진다. 시간이 지나고 그녀 혼자 일어난다. 놀란 듯하다. 로나는 그녀가 주저앉았을 때 손에서 놓쳤던 나뭇가지를 다시 줍기 위해 몸을 숙인다.

로나　　넌 행복할 거야. 내가 널 위해 뭐든 다 할 거야.

그녀는 계속 나뭇가지를 줍는다.

#120. 실내-사냥용 오두막(저녁)

로나가 나뭇가지를 불 속에 넣는다. 불을 바라본다. 장작 하나를 들고 불 속에 넣는다. 강제로 연 차양을 밧줄로 묶는다. 난로 근처 바닥에 외투를 벗어놓고 눕는다.

로나　　자자. 내일 아침에 다시 출발하는 거야. 마실 것, 먹을 것을 찾으러 갈 거야. 어느 집에 들어가서 달라고 하자. 누군가가 우리한테 먹을 걸 줄 거야. 잘 자.

로나는 그렇게 누워 있다가 잠이 든다. 한쪽 손은 얼굴에, 다른 쪽 손은 배 위에 있다. 편안한 숨소리만 들린다. 멀리 자연에서 들려오는 소리, 그녀의 배와 가까운 곳에서 장작이 타는 소리가 들린다.

<자전거 탄 소년>의 #58을 촬영하는 날, 시릴과 사만다의 짧은 대화가 담긴 버전을 찍었다. 사만다가 주말 동안 왜 자신을 집에 데려가기로 했는지를 시릴이 묻고, 사만다가 자신도 이유를 모르겠다고 대답하는 장면이었는데, 편집에서 그 버전을 택했다. 아마도 시릴의 갑작스러운 질문이 만들어낸 긴장감과 또한 사만다의 대답이 관객에게도 향해 있기 때문이었을 것이다. 그녀는 기대하는 설명을 주지 않음으로써 관객이 그녀의 행동에 놀라고 계속 의문을 품게 했다.

자전거 탄 소년

Le Gamin au vélo

#1. 실내-보육원 사무실(낮)

열한 살 소년인 시릴은 수화기를 들고 있다. 수화기 너머
의 누군가가 전화를 받기를 초조하게 기다리는 듯하다.
잠시 후.

교사   전화 끊어, 시릴. 지난번과 똑같잖아. 없는 번호
야. 전화 끊자.

시릴은 교사가 하는 말이 들리지 않는다. 교사는 시릴에게
다가가 전화기를 뺏으려 하고, 시릴은 전화기를 두 손으로
꼭 쥔 채 물러난다. 시릴은 전화기를 뺏기지 않겠다는 눈
빛으로 교사를 바라본다.

교사   전화기 이리 줘.

시릴　　선생님이 번호를 잘못 누른 거예요. 내가 누를
　　　　거예요!

사이.

교사　　그럼 스피커폰으로 해. 없는 번호라고 나오면 끊
　　　　는 거다. 알았지?
시릴　　네.

시릴은 전화기가 놓인 테이블로 간다. 교사는 스피커폰 버
튼을 누르고 시릴은 틀리지 않으려고 번호를 소리내 외치
며 누른다. 시릴은 수화기를 귀에 대고 있다. 잠시 후, 없는
번호라고 말하는 여자의 목소리가 들린다. 시릴은 교사를
바라보다가 전화를 끊는다.

시릴　　돈이 떨어져서 그런 거예요.
교사　　(v.o) 그럴지도 모르지. 이제 다른 아이들과 놀자.

교사는 전화기를 돌려받으려고 시릴에게 다가간다. 시릴
은 다시 한번 두 손으로 수화기를 쥐고 뒤로 물러난다.

시릴　　경비 아저씨에게 전화할게요. 번호를 알려주세요.
교사　　해봤잖아. 너희 아버지가 더는 그 집에 사시지

않는다는 말을 너도 들었어. 떠나셨다고. 이제는
받아들여.

시릴　　아빠가 떠났으면 내 자전거를 가져왔을 거예요.
경비 아저씨한테 전화해서 제가 할 말이 있다고
전해야 해요.

교사　　경비 아저씨는 아버지가 어디 계신지 모른다고
말했잖니. 전화기를 이리 줘.

교사는 손을 뻗어 전화기를 가져가려 한다. 갑자기 시릴이
전화기로 교사를 때린다. 교사는 시릴을 진정시키려 하지
만, 시릴은 완전히 흥분한 상태다. 전화기가 타닥으로 대
롱대롱 매달려 있다. 교사가 시릴을 두 팔로 감싸자, 시릴
이 교사의 주먹을 물어버린다.

교사　　아! 놔! 놓으라고!

시릴이 꽉 물고 있던 것을 놓자 교사가 힘을 푼다. 그때 시
릴이 교사의 팔 밑으로 빠져나와 도망친다.

교사　　시릴! 이리 와! 시릴!

#2. 실내-보육원의 복도, 홀(낮)

시릴이 복도를 빠르게 달리고 교사가 그 뒤를 쫓는다. 시

릴은 계단을 내려가서 바깥으로 나가는 문을 향해 뛴다.

#3. 실외-보육원의 운동장(낮)

시릴이 골목을 뛴다. 곧이어 다른 아이들과 청소년들이 놀고 있는 축구장을 지나간다.

교사　　　(소리치며) 알랑! 알랑! 시릴을 잡아!

경기의 심판을 보던 알랑이 시릴을 향해 뛴다. 시릴은 경기장 옆에 있는 숲을 향해 달린다.

#4. 실외-숲(낮)

시릴이 달린다. 나무들 사이로 비탈을 달리고, 경사지를 오르며 계속 달린다. 교사, 알랑이 30미터 뒤에서 그를 쫓고, 그 뒤로 다른 교사가 달리고 있다. 시릴은 4~5미터 높이의 철책 앞에 이르러 그 위로 달려들어 철책을 붙잡고 올라가지만, 2~3미터 높이까지 올라갔을 때 알랑에게 붙잡힌다.

알랑　　　시릴!

알랑에게 옷을 붙잡힌 시릴은 포기하고 아래로 떨어지지만, 알랑은 시릴을 통제하지 못한다. 다른 교사가 와서 시릴을 붙잡는다. 그들은 나뭇잎 사이를 뒹굴고, 알랑은 다른 교사를 돕는다. 시릴은 붙잡힌 상태에서도 계속 몸부림친다.

#5. 실내-보육원의 공용 침실(밤)

시릴이 공용 침실에서 나는 소음을 들으며 침대에서 잠이 든다. 시릴의 숨소리. 잠이 시릴을 위로해주는 것 같다. 적막 속에 새근새근, 규칙적으로 편안하게 내뱉는 숨소리.

#6. 실외-학교 교문, 스쿨버스(낮)

책가방을 들고 스쿨버스에서 내리는 아이들과 청소년들 사이에 시릴이 있다. 시릴도 손에 책가방을 들고 다른 친구들과 함께 교문을 향해 걷는다. 교사가 그들을 인솔한다.

#7. 실외-운동장(낮)

시릴이 운동장 벽에 몸을 기댄 채 재미있게 노는 아이들을 바라본다. 시릴은 감독관이 넘어진 아이를 돌보느라 분주한 것을 보고, 몸을 일으켜 운동장과 이어지는 문을 향해 빠른 걸음으로 간다.

#8. 실내-학교 복도(낮)

시릴은 문을 통과한다. 시릴이 뛰기 시작한다. 살짝 열린 교실 문 앞을 지나간다.

교사 목소리 (v.o) 어디 가니?

시릴은 걸음을 멈추고 살짝 열린 문 쪽으로 뒷걸음질한다.

시릴　　화장실에 가려고요.

교사　　소변기는 밖에 있잖아.

시릴　　큰일 보려고요.

교사　　감독 선생님에게 말했어?

시릴　　네.

시릴은 선생님의 목소리가 새어 나오는 문에서 가까운 화장실을 향해 빠르게 걷는다. 시릴은 화장실 문을 열고 들어가는 척하다가 복도 끝에 있는 계단으로 간다.

#9. 실내/실외-복도/비상문(낮)

시릴은 화재 시 사용하는 비상문으로 이어지는 복도를 달린다. 그 문은 밖으로 나가는 금속으로 된 비상계단으로 이어지고, 시릴이 문의 손잡이를 잡고 밀어내자 문이 열린다. 시릴은 계단을 오른다.

#10. 실외/실내-버스, 버스 정거장(낮)

시릴이 버스에서 내려 주변을 살피다가 버스를 기다리는 부인에게 다가간다.

시릴   발포트로 가려면 어떤 버스를 타야 하나요?

부인   세랭 위쪽에 있는 곳?

시릴   네.

부인   34번. 저기 끝에 있어.

시릴이 34번 버스를 향해 달린다.

#11. 실외-발포트광장, 건물 입구(낮)

시릴은 교외의 주택단지에 있는 광장을 건너서 고층 아파트를 향해 간다. 광장 한쪽에서 젊은 아이들이 자전거를 타며 놀고 있다. 건물 입구로 간 시릴이 여러 벨 중 하나를 누르고 기다리는데 답이 없다. 시릴은 다시 한번 누른다. 여전히 답이 없다. 시릴은 가장 아래에 있는 벨을 누른다.

경비 목소리 (스피커로) 경비실입니다.

시릴   시릴이에요. 아빠 집에 들어가게 해주세요.

경비 목소리 (스피커로) 시릴이 누구야?

시릴   시릴 카툴이요. 아빠가 6층에 살아요.

경비 목소리 (스피커로) 거기 안 사신다. 한 달 전에 이사 가셨어.

시릴   초인종에 아빠 이름이 있는데요!

경비 목소리 (스피커로) 지운다는 걸 깜빡한 거야. 어서 가 거라!

시릴　　　아저씨, 그래도 가볼 수 없을까요?

경비 목소리 (스피커로) 아무도 없다고 말했잖니.

시릴　　　그래도…….

경비 목소리 (스피커로, 시릴의 말을 자르며) 안 돼. (끊는
　　　　　다.)

시릴은 한동안 그곳에 가만히 서 있다. 시릴은 다시 한번
경비실 벨을 누르고 싶지만, 그 위에 '메디컬 하우스'라는
이름과 운영 시간이 적힌 금속 명패를 보고 마음을 바꾼
다. 시릴은 벨을 누른다.

여자 목소리 (스피커로) 메디컬 하우스입니다. 네?

시릴은 대답할 말을 찾지 못한다.

여자 목소리 (스피커로) 여보세요?

시릴　　　네, 자전거를 타다가 넘어졌어요. 들어가도 될까
　　　　　요?

여자 목소리 (스피커로) 그래. 1층 엘리베이터 맞은편에 있
　　　　　는 오렌지색 문이야.

자동문이 열리는 소리. 시릴이 문을 열고 들어간다.

#12. 실내-엘리베이터, 6층 복도(낮)

시릴이 엘리베이터 안에 혼자 있다. 엘리베이터가 멈추자 시릴이 내린다. 시릴은 복도를 지나 아파트 문을 향해 걷는다. 집 앞에 도착해서 문을 두드린다. 답이 없다. 다시 문을 더 세게 두드린다.

시릴　　아빠? 아빠? 거기 있어?

답이 없다. 다시 한번 두드린다.

시릴　　아빠!

이웃이 나온다.

이웃　　여기서 뭐 하니? 이제 여긴 아무도 살지 않아.

시릴　　아빠가 여기 있어요.

이웃　　아니야. 빈집이야. 경비 아저씨에게 물어보렴, 말해주실 거야.

이웃이 다가온다. 시릴은 문 근처 벽에 기대어 쭈그려 앉는다.

이웃　　여기 있지 말고 내려가렴!

갑자기 엘리베이터 문을 열리더니 교사와 경비로 보이는
한 남자가 나타난다. 시릴은 일어나 계단을 향해 뛴다.

교사　　　시릴! 기다려! 시릴!

#13. 실내-1층 계단(낮)

시릴이 계단의 마지막 층계를 내려가 입구를 향해 뛴다.
하지만 유리문을 통해 알랑이 건물 앞에 있는 것을 보고
다시 돌아간다. 시릴은 메디컬 하우스의 오렌지색 문을 열
고 들어간다.

#14. 실내-메디컬 하우스의 대기실(낮)

시릴이 문을 닫고 숨을 고른다. 시릴은 직원이 앉아 있는
데스크로 간다. 여자들 몇 명, 아기를 안은 여자 하나, 남자
들, 플라스틱 미끄럼틀과 장난감이 있는 곳에 아이 한 명
이 있다.

직원　　　안녕, 네가 자전거에서 넘어졌니?
시릴　　　(여전히 숨을 헐떡이며) ……네…….
직원　　　건물 안에서 길을 잃었어?
시릴　　　조금요.
직원　　　찾기 쉬운데. 어디 아파?
시릴　　　다리가 아파요.

시릴   피가 나니?

시릴   아니요.

시릴   머리 쪽으로 떨어졌어?

시릴   아니요.

시릴   성과 이름을 말해봐.

그때 교사 두 명이 경비와 함께 대기실로 들어온다. 시릴
이 돌아서긴 했지만 할 수 있는 게 없고……

교사   (숨을 헐떡이며 직원에게) 안녕하세요, 부인. 저
        희는 시릴의 교사입니다. 학교에서 도망친 아이
        예요.

알랑이 시릴에게 다가간다. 시릴은 플라스틱 미끄럼틀 뒤
에 숨는다.

알랑   시릴, 소란 피우지 말고 이리 와!

사이.

알랑   내가 하는 말 듣고 있니? 이리 와!

알랑은 시릴을 붙잡으려고 한 발 내딛는다. 그가 시릴의

티셔츠를 붙잡았지만 시릴은 도망가려고 몸부림친다. 시
릴은 의자에 앉은 여자에게 매달린다. 30~35세로 보이는
여자, 사만다. 그녀는 놀라긴 했지만 시릴을 밀어내진 않
는다.

알랑　　　(조용히) 부인을 놓아드려. 듣고 있니, 시릴?

알랑은 시릴을 데려가려고 하지만 시릴은 사만다를 더 세
게 붙잡는다.

사만다　　아파! 그렇게 세게 잡지 마!

사만다는 시릴의 팔에 손을 얹고, 이어서 사만다의 허리를
꼭 끌어안은 시릴의 손에도 얹는다.

사만다　　손을 이리 주렴. 이렇게 있어도 괜찮아. 그런데
　　　　　　일단 손을 줘봐. 어서.

사이.
시릴은 힘을 살짝 풀고 사만다의 손을 잡는다. 시릴은 사
만다의 외투 안에 고개를 묻은 채다.

알랑　　　부인을 귀찮게 하지 말고 우리와 함께 가자. 알

겠지?

시릴 아빠 집에 있을 거예요.

알랑 아버지는 이제 여기 살지 않아.

시릴 거짓말! 내 자전거도 있다고요.

경비 (다른 교사에게) 아파트 문을 열어줄 수 있어요. 아이가 보면⋯⋯.

다른 교사 경비 아저씨가 아버지의 집 문을 열어줄 거야. 보러 가자.

잠시 후, 시릴은 사만다에게서 떨어지지만 여전히 손을 잡고 있다. 두 사람은 서로를 바라본다. 사만다는 가슴이 아프고 안타깝다.

#15. 실내-건물 6층, 복도(낮)

시릴과 앞장서는 경비, 교사 두 명이 아파트로 향한다. 경비는 열쇠를 열쇠 구멍에 꽂아 문을 열고 들어간다. 시릴이 그를 앞지른다.

#16. 실내-아파트(낮)

시릴이 복도를 지나 텅 빈 거실로 들어간다. 아무도 없다. 바닥에도, 벽에도 아무것도 없다. 그것을 본 시릴은 잠시 당황하다가 복도로 돌아가 안방 문을 연다. 그곳도 비어 있다. 바닥에도, 벽에도 아무것도 없다. 시릴은 마치 누군가가 나오기라도 할 듯 문 뒤를 살펴보다가 몇 발 걸어가 문을 열고 작은 방으로 간다. 그곳도 역시 비어 있다. 시릴은 잠시 꼼짝하지 않고 있다가 문고리를 잡는다. 그는 빈 벽을 마주한다. 교사가 시릴의 어깨 위에 손을 얹어 시릴을 다독이자, 시릴이 잠깐 움찔한다.

#17. 실내-보육원의 침실(낮)

희미한 빛 속에서 담요를 덮고 옆으로 누워 다리를 웅크린 시릴의 실루엣이 보인다.

교사   (v.o 큰 소리로) 시릴! 시릴!

시릴은 누군가가 자기를 부르는 소리를 듣고, 담요 안에서 납작 엎드려 없는 척한다.

교사   (더 가까이에서) 시릴!

시릴은 움직이지 않고 대답도 하지 않는다.

교사   너 거기 있는 거 다 알아.

교사가 침대로 다가간다.

교사   다른 애들은 벌써 농장에 갈 준비를 마쳤어.

시릴은 대답하지 않는다.

교사   원장님이 널 보고 오라고 하셨다고.
시릴   (이불 속에 숨어서) 몇 시예요?
교사   9시 10분 전.
시릴   (이불을 뒤집어쓰고) 토요일이잖아요. 10분만
             더 있을게요.
교사   원장님이 널 보고 오라고 하셨다니까. 가야 해.

시릴은 반응하지 않는다.

교사   시릴, 일어날래?

교사가 이렇게 물으면서 시릴의 어깨 위에 덮인 이불에 손
을 대자, 시릴이 몸을 움츠리며 등을 돌린다. 교사는 물러
나고, 이불 밑으로 시릴의 실루엣이 보인다.
잠시 후.
원장이 교사와 사만다와 함께 침실에 들어온다. 그들은 시
릴의 침대로 향하고, 시릴은 여전히 같은 자세로 이불 속
에 있다.

원장　　　시릴⋯⋯ 네가 병원 대기실에서 매달렸던 부인을 기억하지?

사이.
시릴은 대답하지 않는다.

원장　　　그분이 오셨어. 너와 이야기를 나누고 싶으시대.

사이.
시릴은 여전히 반응이 없다.

사만다　　네 자전거를 가져왔어⋯⋯.

시릴이 갑자기 몸을 일으켜 이불 밖으로 머리를 내민다.

시릴　　　우리 아빠를 만났어요?
사만다　　아니⋯⋯. 네가 경비 아저씨한테 바퀴 테가 녹색인 붉은 자전거라고 얘기했다면서. 내가 그런 자전거를 찾았어.
시릴　　　어디에 있었어요?
원장　　　옷 입어!

시릴이 침대에서 내려와 작은 칸막이가 있는 곳으로 간다.

시릴   (v.o) 어디에 있었어요?

사만다   어떤 애가 길에서 타고 가는 걸 보고 걔네 아버
         지한테서 샀어.

시릴이 빠르게 바지를 입으며 나타난다.

시릴   그걸 왜 다시 샀어요?

사만다   너희 아버지가 파셨대.

시릴   (운동화를 신으면서) 거짓말! 훔쳐서 판 거예요.
         내 것이 아니라면 모를까.

#18. 실외-보육원의 주차장과 출입로(낮)

시릴이 사만다를 도와 자동차 트렁크에 묶여 있던 자전거
를 푼다.

시릴   안장에 긁힌 자국이 있는 걸 보니 내 것이 맞아
         요. 누가 훔쳐 갔었네……. 얼마 줬어요?

사만다   그게 뭐가 중요해.

원장   아버지가 돈이 필요했는지도 모르잖아. 가스 요
         금, 전기 요금을 내야 했을 수도 있고.

시릴   아니요, 아빠는 절대 안 그래요.

시릴은 자전거를 타려고 한다.

원장　　부인께 감사하다고 해야지.

시릴　　감사해요.

시릴은 자전거를 타고 주차장을 돌다가 바퀴 하나를 들어 작은 길 쪽으로 갔다가, 잠시 멈춰 서 있다가 사만다의 차가 있는 곳으로 돌아온다. 사만다는 원장의 도움을 받아 뒷좌석을 원래대로 돌려놓고, 시릴은 다시 바퀴를 들어 몇 미터 앞으로 가다가 사만다가 자신을 보고 있는지 살핀다. 차에 타려던 사만다가 시릴을 본다.

사만다　　잘 타는구나! 잘 지내렴.

시릴은 계속 멈춰 서 있다. 자동차 엔진 소리가 들리고, 시릴은 차에서 몇 미터 떨어진 곳을 달리며 사만다가 시동을 거는 모습을 바라본다. 시릴은 출발할 듯 자세를 잡다가 갑자기 방향을 돌려서 골목을 빠져나가는 사만다의 차를 향해 빠른 속도로 페달을 밟는다.

원장　　(소리를 지르며) 시릴! 시릴…… 돌아와!

#19. 실외-진입로/교차로(낮)

시릴이 자전거에서 일어나 달린다. 차를 따라잡기 위해 가능한 한 빠르게……. 차가 교차로에 진입하자 속도가 줄어

든다. 시릴은 사만다가 다시 시동을 걸고 출발하려고 할 때 차에 다가간다. 시릴이 차 문을 두드리자 차가 멈춘다. 사만다가 창문을 연다. 시릴은 차 문 옆에서 자전거를 타고 있다. 시릴은 사만다에게 말할 기회를 주지 않는다.

시릴   주말에 당신 집에 놀러 가도 돼요?

사만다   그런 건…… 이렇게 정할 수는 없고 원장님과 이
            야기해볼게.

시릴   허락하실 거예요. 여기는 모두 위탁가정이 있거
            든요. 지금 가서 이야기해보세요.

사만다   아니, 이미 늦어서. 전화해볼게. 안녕.

시릴   그렇게 말하고 안 할 거잖아요.

사만다   진짜 할 거야. 다음에 보자.

차에 다시 시동이 걸린다. 시릴의 시선에서 차가 사라진다. 시릴은 자전거 핸들을 돌려서 진입로로 돌아가는데. 그 길 끝에 시릴을 향해 다가오는 원장과 교사의 실루엣이 보인다.

#20. 실내-발포트 주택단지의 한 카페(낮)

시릴은 작은 카페의 홀로 연결되는 바 겸 카운터에서 음료를 준비하는 사장에게 말을 건다.

시릴 한잔하면서 어디로 간다고 말했을 수도 있잖아요.

사장 누군지 기억이 안 나는데, 그 사람이 한 말을 어떻게 기억하겠니. 비켜보렴.

시릴은 사장이 지나갈 수 있도록 비킨다. 사장은 반대쪽 바에 있던 쟁반을 든다.

시릴 금색 오토바이 헬멧은 드물잖아요.

주인은 대답 없이 쟁반을 챙긴다. 갑자기 시릴이 창문 너머로 무언가를 본다. 그는 벌떡 일어나 카페를 뛰쳐나간다.

#21. 실외-발포트, 카페 근처(낮)

시릴이 자신의 자전거를 훔치는 소년을 쫓아간다. 시릴은 소년이 자전거에 올라타려는 순간, 그를 붙잡아 넘어뜨린다. 그들은 땅에 구른다. 시릴은 간신히 그 소년 위에 올라타 무릎으로 그를 움직이지 못하게 한다. 소년은 몸부림을 쳐서 시릴의 손을 밀어내고, 바닥을 구르면서 그의 머리카락을 움켜쥔 시릴을 넘어뜨려 떨쳐내려고 한다. 소년은 자신의 발목을 붙잡고 있는 시릴을 떼어내려고 무릎으로 때리고 발로 찬다. 시릴은 양말을 신은 소년의 발목을 물고, 소년은 거칠게 다리를 흔들어 시릴을 떼어낸다. 시릴은 다시금 신발을 신은 발을 무는데, 소년이 도망갈 때도 시릴은 여전히 소년의 신발을 물고 있다. 시릴이 다시 일어나 소년을 약 10미터쯤 쫓아간다. 소년은 자동차를 둘러싸고 있는 남자애들과 합류하고, 시릴은 멈춰 서서 가쁜 숨을 고르고 분노를 가라앉힌다. 시릴은 다시 자전거가 있는 곳으로 돌아와 소년이 떨어뜨리고 간 운동화를 발로 찬다. 쓰러져 있던 자전거를 세우고는 올라탄다.

#22. 실외-발포트, 빵집 근처(낮)

얼굴과 옷에 소년과 싸운 흔적이 남은 시릴이 자전거를 타고 달린다. 시릴은 내리막길을 달려서 교차로에 이르러 길을 건너 보도 위를 달린다. 휴대전화 울리는 소리가 들리자 시릴은 멈춰서 주머니에서 휴대전화를 꺼낸다. 시릴은 버튼을 누르기 전에 휴대전화를 유심히 바라본다(시릴은 휴대전화를 다루는 데 익숙하지 않다).

시릴   (휴대전화를 들고) 네. 자전거를 타고 있어요. 네……. 누가 자전거를 훔쳐 가려고 했어요. 남자애요. 어쩌면 아줌마에게 자전거를 팔았던 그 애일 수도 있어요. 머리카락이 무슨 색깔이었어요? 그래도 말해줘요, 무슨 색이었는지……. 아닌 것 같네요. 네, 곧 갈게요. 네……. 한 바퀴만 더 돌고 갈게요.

시릴은 전화를 끊고 주머니에 휴대전화를 넣는다. 시릴이
다시 자전거를 타고 달린다.

#23. 실내-빵집(낮)

시릴은 가게 유리창에 기대어 세워둔 자전거를 감시하며
계산대 앞에서 빵집 주인과 대화를 나눈다.

빵집 주인　이 사람과 한 번 오지 않았니?

시릴　　네. 일요일 아침에요.

빵집 주인　기억해. 그런데 이사 간다는 말을 한 적은 없었
　　　　　는데……．

시릴　　알겠습니다. 안녕히 계세요.

시릴이 문을 향해 간다.

빵집 주인　네가 아들이니?

시릴　　네.

빵집 주인　아버지가 어디로 간다고 말 안 했어?

시릴　　말했는데 제가 까먹었어요.

#24. 실외-발포트 도로 근처(낮)

시릴이 차가 많이 다니는 도로를 지나 주택단지를 빠져나간
다. 시릴은 춤추듯 페달을 힘차게 밟아 오르막길을 오른다.

#25. 실외-도로, 주유소(낮)

자전거를 탄 시릴이 멜빵바지를 입은 주유소 직원의 주변을 맴돈다. 직원은 주유기 옆에 있는 자동 세차기에서 세차를 마친 차의 물기를 닦는 중이다.

시릴　　여기서 오토바이 주유를 했어요. 금색 헬멧을 썼고요.

주유소 직원 오토바이가 BMW750 옛날 모델이지?

시릴　　네. 녹색에 크롬으로 도금되어 있고요.

주유소 직원 가게 유리창에 오토바이를 판다고 광고를 붙인 사람인 것 같은데…….

시릴　　그게 언제예요?

주유소 직원 약 3주에서 한 달 정도.

주유소 직원은 차 문을 열고 운전자에게 인사한다. 그는 계속해서 차 문의 물기를 닦는다.

시릴　　어디로 가서 산다는 말은 없었나요?

주유소 직원 우리가 아는 사이도 아닌데 그런 말을 왜 하겠어? 창유리에 붙은 걸 봐. 주소가 있을 수도 있으니까.

시릴은 자전거를 타고 가게 창유리로 다가가 붙어 있는 광고들을 살펴본다. 시릴은 아버지가 작성한 광고를 본다.
'BMW750과 자전거(어린이용)를 팝니다. 발포트 마르게
리트 건물 6층, G. 카툴에게 문의 바랍니다.'
시릴은 아버지가 자전거를 팔았다는 사실을 알려주는 그
글에서 눈을 떼지 못한다.

#26. 실내-발포트, 사만다의 미용실(낮)
시릴이 샴푸용 세면대에 기댄 채 샤워기에서 물이 흐르는
것을 바라본다.

사만다　　(v.o) 시릴, 물 좀 잠가줘.

사만다는 거울 앞에 앉은 손님의 미용을 마무리하는 중이
다. 그녀는 시릴이 물을 잠그지 않는 것을 보고 시릴 쪽으
로 다가와 물을 잠근다.

사만다　　5분이면 끝나.

사만다가 의자에 앉은 손님이 있는 곳으로 돌아가자마자,
시릴은 수도꼭지를 틀고 물이 흐르는 것을 바라본다.
잠시 후, 사만다가 손님이 외투를 입는 것을 돕는다.

손님　　(시릴에게) 안녕!

시릴은 대답하지 않는다. 시릴의 고개는 세면대를 향해 있다. 시릴은 계속 물이 흐르는 것을 바라보는 중이다.

사만다　　(v.o) 인사드렸니?

시릴은 대답하지 않는다. 사만다가 손님에게 인사하는 돈 소리와 문이 닫히는 소리가 들린다. 사만다가 시릴에게 다가오는 소리도.

사만다　　물 함부로 낭비하지 마.

사만다가 수도를 잠근다.

사만다　　무슨 일 있었어?

시릴은 말없이 세면대를 향해 고개를 숙이고 있다.

사만다　　네 자전거를 훔치려고 했던 남자애 때문에 그러
　　　　　　는 거야? 아버지에 대해 말해주는 사람을 만났
　　　　　　니?

시릴은 꼼짝하지 않고 수도를 다시 튼다. 물이 흐른다.

사만다   (수도를 잠그며) 첫날부터 힘드네.

시릴이 수도를 다시 틀자, 사만다가 잠근다.

시릴   (소리 지르며) 하지 마요!

멀리서 들려오는 것 같은 그 맹렬한 고함에 사만다는 꼼짝
하지 못한다. 긴 침묵. 물 흐르는 소리만 들린다. 시릴은 흐
르는 물만 바라보며 사만다를 등지고 있다.

사만다   뭐가 문제인지 네가 말을 하지 않으면 내가 어떻
      게 알아?

잠시 후, 사만다가 시릴에게 다가가 시릴의 눈높이에 맞춰
몸을 숙인다.

사만다   심리 상담 선생님이 하셨던 말씀을 기억하니?
우리 집이 너희 아버지가 살았던 동네라서 네가 우리 집에
오면 아버지 생각을 너무 많이 할 거라고 하셨잖아. 내가
너를 일요일에만 만나서 바다나 시골로 나가는 편이 더 좋
을 것 같아. 저녁에 너를 데려다주면 되잖아. 어떻게 생각
하니?

사이.

시릴   아줌마에게 자전거를 판 남자를 만나고 싶어요.
사만다   왜지? 당신은 도둑이라고 말하고 싶어서?
시릴   아니에요. 아버지가 판 게 맞아요. 아버지가 주
유소에 붙인 광고를 봤어요.

침묵.

사만다   무슨 말을 하고 싶어서?
시릴   아버지에 대해서 물어보려고요…….

사이.

사만다   전화번호를 저장해뒀어. 전화해볼까?
시릴   네.
사만다   물을 잠그렴.

시릴은 수도를 잠그고 계산대로 향하는 사만다를 따라간
다. 시릴은 주머니에서 휴대전화를 꺼낸다.

사만다   네 전화 쓰지 마.

사만다는 시릴에게 계산대에 있던 휴대전화를 준다. 시릴은 자신의 휴대전화를 주머니에 다시 넣는다. 사만다는 수첩을 펼친다.

사만다　　구르자 씨 번호가, 0…… 4…… 3…… 9…….

누군가가 미용실 문을 두드린다. 사만다가 뒤를 돌아보고 문을 열려고 하자, 시릴이 방해받아서 못마땅한 눈빛으로 바라본다. 사만다가 질과 함께 시릴에게 다가온다. 질은 30대 남성이다.

사만다　　(질에게) 시릴이야……. (시릴에게) 이쪽은 내 친구, 질이야…….
질　　　　안녕.
시릴　　　안녕하세요. (사만다에게) 전화번호 알려주세요.
사만다　　그래……. 0…… 4…… 3…… 9…… 6…… 6…… 3…… 1…… 0…….

전화번호를 받은 시릴은 사만다의 집 안채로 이어지는 문을 향해 서둘러 간다.

#27. 실내-사만다의 집, 복도, 계단(낮)
시릴이 휴대전화를 들고 수화기 너머 누군가가 받기를 기

다린다.

시릴   (휴대전화에) 여보세요……. 아저씨…… 자전거
       때문에 전화드렸어요. 저는 시릴이라고 하는데
       요, 우리 아빠가 언제 아저씨에게 자전거를 팔았
       는지, 아빠가 어디에서 살 거라고 말했는지 알고
       싶어요. 아무 말도 안 했다고요? 안녕히 계세요.

시릴은 실망한 채 전화를 끊는다.

#28. 실외-놀이공원(저녁)

시릴이 사만다와 질과 함께 있다. 그들은 매표소에서 나와
서 사람이 많은 탑승 플랫폼 쪽으로 간다.

시릴   (사만다에게) 왜 아줌마는 안 가요?
사만다   나는 너무 무서워서 못 타. 특히 내려올 때.
시릴   내가 같이 있잖아요. 안 무서울 거여요.
사만다   아니…….
시릴   (질에게) 아줌마한테 표를 주세요.
사만다   아니야, 나는 둘이 타는 걸 보고 있을게. 어서
       가!

질이 2인용 좌석이 있는 곳을 향해 간다. 시릴이 그 뒤를

따라가다가 갑자기 다른 칸을 향해 뛴다. 시릴이 자리에 앉아서 안전바를 내린다. 그걸 본 질이 시릴이 탄 칸에 올라타고, 안전바를 올린 후에 앉는다.

시릴   혼자 탈 거예요.
질   위험해서 안 돼. 내가 네 옆에 있어야 해.

질이 자리에 앉아서 안전바를 당기자 시릴이 안전바를 내리지 못하게 붙잡는다.

질   뭐 하는 거야?
시릴   혼자 타고 싶다니까요.
질   무슨 일이 생기면?
시릴   필요 없다고요!
질   (크게) 사만다! (시릴에게) 가만히 있어!

사만다가 두 사람이 있는 곳으로 온다.

질   나랑 같이 타는 게 싫대.
사만다   (시릴에게) 왜 싫어? 혼자 타는 건 안 돼. 난 너
          를 책임져야 하고.
시릴   (질에게) 나갈 거예요!
질   진정해! 내 말 들어! 진정하라고! 늦었어…….

출발을 알리는 사이렌 소리가 들린다. 시릴은 밖으로 나가려고 안전바 밑으로 다리를 넣었다가 갑자기 좌석에서 일어나 밖으로 뛰어내린다. 깜짝 놀란 질은 붙들려고 하지만 놓치고 만다.

#29. 실내/실외-사만타의 차, 도로(저녁)

시릴이 뒷좌석에 앉아서 웅크리고 있다. 얼굴은 등받이 쪽으로 돌리고 질 옆에 앉은 사만다를 살짝 등지고 있다. 사만다는 운전하고, 질은 감자튀김 봉지를 손에 들고 먹다가 사만다의 입에 넣어준다.

사만다　　(질에게, 낮은 목소리로) 먹을 거냐고 한 번 더
　　　　　물어봐.

질이 시릴에게 봉지를 내민다.

질　　　　감자튀김 먹을래, 시릴?

시릴은 반응하지 않는다.

사만다　　하나 먹어, 시릴?

시릴은 반응이 없고 같은 자세로 웅크리고 있다. 자동차의

엔진 소리, 타이어가 아스팔트 위를 달리는 소리가 들린다.

#30. 실내-사만다의 집, 방, 복도(밤)

시릴이 어둠 속에서 살짝 열린 문을 향해 슬그머니 다가간다. 시릴은 잠든 질과 사만다를 바라본다. 침대에 누워 있는 두 사람의 신체 일부가 보인다. 그들의 숨소리가 들린다. 시릴은 침대 쪽으로 한발 더 다가가 사만다를 바라본다. 잠시 후, 사만다는 시릴의 존재, 시선을 느낀 듯 잠에서 깨고, 어둠 속에서 시릴의 눈을 보고 깜짝 놀란다. 시릴은 꼼짝하지 않고 있다. 그들은 서로를 바라본다. 긴 침묵 끝에 시릴이 갑자기 방을 뛰쳐나간다.

#31. 실내-시릴의 방(밤)

사만다가 시릴의 방문을 열고 들어온다. 사만다는 시릴이 누워 있는 침대를 향해 다가간다. 그녀는 침대 옆에 서서 시릴의 등과 어깨, 베개에 얼굴을 파묻고 있는 시릴의 머리를 바라본다.

사만다　　앉아도 되겠니?

시릴은 대답하지 않는다. 사만다는 침대 끝에 앉아서 시릴의 머리가 있는 쪽으로 고개를 기울인다. 그들의 숨소리가 조그맣게 들린다.

시릴   아빠가 보고 싶어요.

긴 침묵. 사만다가 몸을 조금 더 기울여서 베개를 붙잡고
있는 시릴의 손 위에 자신의 손을 포갠다.

시릴   따뜻해요.
사만다   뭐가?
시릴   아줌마의 숨이요.

사만다는 움직이지 않고 그대로 있다. 사만다의 얼굴과 입
술이 시릴의 어깨와 머리와 목 위에 있다. 그들의 숨소리
가 조용히 들린다.

#32. 실외-보육원 진입로, 주차장(낮)

시릴은 교사의 도움을 받아 사만다의 차에 자전거를 싣는
다. 사만다는 시릴의 도움을 받아 트렁크 뚜껑이 열리지
않도록 로프를 건다. 사만다는 바닥에 놓인 시릴의 가방을
들고 교사와 악수한다. 시릴은 몇 걸음을 걸어 책가방을
줍고 그의 손을 잡는 교사와 인사한다.

교사   월요일에 보자.
시릴   월요일에 뵐게요.

시릴이 차에 올라탄다.

#33. 실내/실외-차, 도로(낮)

사만다는 운전하고 시릴은 샌드위치를 먹는다.

시릴   아빠 주소는 어떻게 알았어요?

사만다   경찰한테 받았어.

시릴   원장 선생님이 뭐라고 하셨어요?

사만다   아빠와 잘 만나라고 하셨어.

시릴   네. 그렇지만 주소는요? 원장님은 절대 주소를
          알 수 없다고 하셨거든요.

사만다   원장님은 주소를 찾을 수 있었지만 너희 아버지
          가 먼저 연락하길 바라셨던 거야.

시릴   심리 상담 선생님도 그렇게 말씀하셨어요. 하지
          만 아줌마는 아빠를 만났죠. 아빠가 나를 보고
          싶다고 한 거죠.

사만다   보고 싶다고 하진 않았어. 그냥 허락한 거지.

시릴   마찬가지예요.

사만다   아니야, 아버지가 널 만나고 싶었다면 연락하거
          나 찾아올 수 있었어. 막는 사람은 없었다고…….

침묵.

사만다　　실망하지 말라고 말하는 거야. 네가 기대하던 것
　　　　　과 다를 수 있으니까

시릴　　　기대 같은 거 안 해요.

침묵. 시릴은 샌드위치를 다 먹는다.

사만다　　샌드위치 더 먹을래? 물을 줄까?

시릴　　　물이요.

사만다는 차 문에서 물병을 꺼내 시릴에게 건네고, 시릴이
물병을 받지만 사만다는 놓지 않는다.

시릴　　　고맙습니다.

사만다는 손에서 물병을 놓지 않고 시릴 쪽으로 밀었다가
다시 뺏는다. 사만다가 웃자, 시릴이 장난으로 받아들이고
웃는다. 사만다가 물병을 놓는다. 시릴이 사만다를 보며
미소를 짓고 물병 뚜껑을 열고 마신다.

#34. 실외-도시, 광장(낮)

시릴이 광장 한 모퉁이에서 숨을 살짝 몰아쉬며 거리를 바
라본다. 시릴은 실망한 것처럼 보인다. 그는 뛰어서 주차
장 입구 연석에 앉아 있는 사만다에게 돌아간다.

시릴　　　아빠를 못 봤어요……. 이 길로 올 것 같은데…….

시릴이 사만다 곁에서 벽에 기댄다.

사만다　　오지 않으실 거야.
시릴　　　아빠한테 문제가 생기면 아줌마 휴대전화로 연
　　　　　　락하라고 번호를 줬다고 했잖아요.

사이.

사만다　　집에 가보자.

사만다는 일어나서 출발하려고 한다.

시릴　　　오는 중이면 놓칠 수도 있어요. 기다리는 게 나
　　　　　　을 것 같은데…….
사만다　　약속 시간이 40분이나 지났어. 집까지 가보자.
　　　　　　알았지?
시릴　　　오고 있는지 한 번만 더 보고 올게요.

사만다가 시릴이 달려가는 모습을 바라본다.

#35. 실외-도시, 사거리, 길(낮)

시릴이 보도를 달리며 주택과 가게 창유리를 지나친다. 그는 사람들로 붐비는 보행자 전용 도로가 있는 사거리에 도착한다. 어른들 사이에서 키 작은 시릴은 잘 보이지 않는다. 시릴은 화초용 화분에 올라가 두리번거린다. 시릴은 아버지가 나타나지 않아 실망한다. 시릴은 한 번 더 살핀다.

#36. 실외-길, 집 입구(낮)

사만다가 초인종을 누른다. 시릴은 긴장한 채 사만다 옆에 있다. 사만다는 시릴을 달래주기 위해 어깨를 붙잡는다, 문이 열리자 40대 여성이 가운을 입고 나타난다. 나딘이다.

사만다　안녕하세요, 부인. 기 카툴 씨를 뵐 수 있을까요?

나딘　지금 없는데, 누구신데요?

시릴　아빠예요.

침묵.

사만다　네. 대성당 주차장 입구 앞에서 10시에 아드님과 만나기로 약속하셨거든요.그런데 오지 않으셔서 저희가 찾아왔어요. 만날 수 있는지 물어봐주실 수 있나요?

나딘　그러면 당신은 누군데요?

사만다   위탁가정으로, 주말마다 시릴을 돌보고 있어요.

나딘   기를 아세요?

사만다   아니요. 여기서 약속을 잡으려고 한 번 뵌 게 다
예요.

나딘   제 식당에서 요리를 준비하고 있어요. '르 윌스'
라는 식당인데, 케네디 다리 맞은편에 있어요,

사만다   강을 마주하고 이쪽인가요?

나딘   아니요. 반대쪽이요.

사만다   감사합니다. 안녕히 계세요.

#37. 실외-길/'르 윌스' 입구(낮)

식당에서 테크노 음악이 크게 들린다. 시릴은 문의 유리
부분을 뚫어지게 바라본다. 사만다는 창 너머로 보다가 창
유리를 두드린다.

사만다   음악의 볼륨이 너무 커. 안 들릴 거야.

시릴   아빠가 나와야 하는데. 저기 있어요! (시릴이 문
의 유리 부분을 두드린다.) 아빠! 아빠!
(사만다에게) 주방으로 돌아갔어요.

사만다는 창문을 벗어나 식당 벽을 따라 이어지는 좁고 어
두운 길을 바라본다.

사만다   뒤쪽으로 문이 있을지도 몰라.

그들은 좁은 길로 뛰어 들어간다.

#38. 실외-식당 앞 좁은 길(낮)

시릴은 사만다의 도움을 받아 빗물받이 홈통을 고정하는 고리에 발을 올려 벽 위로 올라간다.

시릴   (사만다에게) 보여요. 아빠가 쓰레기를 가지고 나 올 거예요. (소리치며) 아빠! 아빠! 나 여기 있어!

사이.

아버지   (v.o) 거기서 뭐 하는 거야?

시릴   아빠를 보러 왔어. 내가 뛰어내릴까, 아니면 아빠가 문 열어줄래?

        (홈통을 따라 내려온다.)

아버지가 문을 연다.

#39. 실외-길, 식당 입구(낮)

시릴이 사만다 옆에 있다. 식당의 문이 열리고 기 카툴이 나타난다. 시릴이 아버지로 30대 남자다. 테크노 음악이 크

게 들린다. 시릴은 아버지에게 안기려고 한 걸음 떼고, 아
버지는 몸을 숙여 시릴을 안는다. 그가 사만다를 바라본다.

사만다　　밖에서 기다릴게요.
기　　　　편한 대로 하세요.

그는 시릴을 들어오게 하고 문을 닫는다.

#40. 실내-식당의 주방(낮)

테크노 음악이 여전히 크게 울린다. 기는 바 쪽으로 가고
시릴은 기를 따라간다.

기　　　　뭐 마실래?
시릴　　　(듣지 못하고) 뭐라고?

기가 볼륨을 줄인다.

기　　　　뭐 마실 거냐고?
시릴　　　응.
기　　　　뭐 줄까?
시릴　　　모르겠어.
기　　　　오렌지주스, 체리주스, 자몽주스, 콜라……?
시릴　　　자몽…….

기가 바 아래에 있는 냉장고에서 병을 꺼낸다.

기   아줌마는 착해?

시릴   괜찮아.

기   아줌마가 주말에 널 돌봐줘서 다행이다. 너, 미
         용사가 되고 싶어?

시릴   아니…….

기는 자몽주스 병뚜껑을 열어 시릴에게 건넨다.

시릴   아줌마가 자전거를 다시 샀다고 말했어?

기   응. 잘됐네. 팔 수밖에 없었어. 힘든 상황이었거
         든.

시릴   괜찮아…….

기가 바에서 나와 시릴을 지나쳐 주방으로 간다. 시릴이
그의 뒤를 따라간다.

시릴   나 언제 데리러 올 거야?

기   어디로?

시릴   보육원.

기   그 사람들이 너한테 못되게 굴어?

시릴   아빠가 한 달만 있으면 된다고 했잖아.

기   내 사정이 좋지 않아.

기가 스푼으로 냄비 두 개를 휘젓고 튀김기를 작동시킨다.

기   너한테 전화하려다가 못 간다고 말하는 게 괜한
         짓인 것 같아서 관뒀어.
시릴   괜찮아. 전화번호를 바꿨어?
기   휴대전화를 팔았어. 바로 살 수 없었고. 이해하
         지? 너를 보러 가려면 돈이 있어야 하고, 집도
         있어야 하고, 많은 게 필요해.

기가 냉장고에서 감자튀김 봉지를 몇 개 꺼낸다. 그는 봉
지를 찢어서 튀김기 안에 넣는다.

시릴   언제 올 거야?
기   나도 몰라.

사이.

시릴   사만다가 집에 있을 때 쓸 수 있는 휴대전화를
         사줬어. 주말에는 나한테 전화해도 돼. (휴대전
         화를 꺼낸다.) 전화번호 적을래?
기   그래. 잠깐만……

기는 마지막 감자튀김 봉지를 비우고 종이와 볼펜을 든다.

시릴   0……479……63……40……32……. 여기 번호는
          뭐야?
기   전화 없어. 아니, 있기는 한데 전화하면 안 돼.
          사장이 싫어해. 내가 전화할게.

시릴은 휴대전화를 다시 주머니에 넣는다. 기는 냉장고에
서 소스 두 조각을 꺼내서 가스 불에 조리 중인 냄비에 넣
는다.

시릴   그게 뭐야?
기   소스야. 쇼롱이랑 베르네즈…….

그는 나무 주걱으로 냄비를 하나씩 젓는다.

기   이제 가봐. 일이 너무 많아.
시릴   내가 저어봐도 돼?
기   (시릴에게 주걱을 주며) 조심해.
          냄비가 뜨거워.

시릴은 주걱으로 젓는다. 기는 그동안 튀김기를 살피고 시
릴에게 돌아온다.

기   이제 가라. 문 열기 전에 할 일이 너무 많아. 주걱은 이리 주고.

시릴   (주걱을 돌려주며) 몇 시에 열어?

기   점심에, 30분 후야. 어서, 가자…….

그들은 식당의 홀로 간다.

시릴   사만다랑 밥 먹으러 올게.

기   안 돼. 예약이 다 찼어. 배고파?

시릴   조금…….

바 뒤로 가는 기.

기   소시지 먹을래, 칩 먹을래? 둘 다 줄까?

시릴   파프리카 맛으로 줘.

기는 바에서 다시 나와 칩 봉지를 건네고 몸을 숙여 볼 키스를 한다.

기   나중에 보자.

시릴   언제?

기   전화할게.

시릴   다음 주 토요일에?

기   노력해볼게. 걱정하지 마. 전화한다니까…….

기가 문을 연다.

기   아줌마한테 할 말이 있어. (사만다에게) 부인!

사만다가 다가온다.

기   잠깐 이야기 좀 할 수 있을까요?
         (시릴에게) 여기서 기다려. 금방이면 되니까.

기는 사만다를 들어오게 하고 문을 잠근다. 시릴은 밖에
있다.

기   약속 장소에 못 나간 건…… 너무 부담이 됐어
         요. 쟤를 돌볼 처지가 아니라서……. 말씀드렸
         듯이 할머니가 돌아가시고 저랑 쟤만 남았는
         데…… 저는 못 키워요. 이해하시나요, 저는 키
         울 수 없어요.
사만다   주말에 한 시간만이라도 보실 수 있지 않을까요.
         제가 데려올게요.
기   아니요……. 아이를 본다는 생각만으로도 스트
         레스예요. 아이가 당신을 좋아해요. 잘 돌봐주세

요. 그게 유일한 방법이에요.

사만다　당신을 보고 싶어 하는 거예요. 내가 아니라.

기　잊을 거예요……. 저는…… 새로운 삶을 살고 있어요. 다시 일자리도 얻고, 그런데 시릴이 있으면 그렇게 할 수가 없어요. 이해하시나요?

사만다　한 달에 한 번은 볼 수 있잖아요. 그것만으로도 애한테는 이미…….

기　아니요. 부탁드려요. 아이를 돌봐주세요. 아이를 다시 보고 싶지 않아요. 제가 볼 수 없다고 한다고 아이에게 말해주세요…….

사만다　직접 말씀하셔야죠.

기　하려고 했는데…… 못하겠어요…….

침묵…….

#41. 실외-식당 근처(낮)

사만다가 식당 문을 닫고 나온다. 보도에서 기다리고 있던 시릴은 과자를 다 먹고 열쇠로 잠긴 유리창 너머의 아버지에게 인사한 후, 보도를 걸어가는 사만다를 뒤따라간다.

시릴　왜 그래요?

사만다　별거 아니야.

시릴　말해봐요.

사만다가 대답하지 않는다.

시릴　　왜 말 안 해요?

그들은 사만다의 차를 세워둔 곳에 도착한다. 사만다가 차에 타고 시릴에게 동승석 문을 열어준 후, 시릴을 보면서 안전벨트를 맨다.

사만다　　아버지가 뭐라고 하시든?
시릴　　전화하겠다고 했어요. 아마도 토요일에. 제 휴대전화 번호를 알려줬어요.

사이.

사만다　　아버지가 너에게 전해달라고 하셨어.

사이.

사만다　　아버지가 직접 말할 거야.

사만다는 안전벨트를 풀고 차 문을 연다.

사만다　　이리 와!

#42. 실외-식당 앞(낮)

테크노 음악이 크게 들린다. 사만다는 문의 유리 부분을 두드린다. 시릴은 유리 아래쪽으로 안을 본다. 갑자가 사만다가 열쇠 꾸러미로 유리가 깰 것처럼 세게 두드린다.

시릴　　　나왔어요!

문이 열린다.

기　　　왜 이러는 거예요?

사이.

사만다　　당신이 직접 말하세요. 내가 할 말이 아니에요.

침묵.

사만다　　말해요.

침묵.

기　　　난…… 나를 만나려고 하지 마. 보육원으로 돌
　　　　　　아가. 아줌마네 집에 가고. 넌 잘 지낼 거야…….

기가 문을 닫으려고 한다.

시릴　　　나한테 전화 안 할 거야?

기　　　모르겠어……. 안 해.

기가 문을 닫는다. 잠시 후, 멀어지는 기의 뒷모습이 유리
창 너머로 보인다.

#43. 실내/실외 - 고속도로, 사만다의 차(낮)

시릴이 운전하는 사만다 옆에 앉아 있다. 다른 차들이 매
우 빠르게 달린다. 시릴은 앞을 바라본다. 사만다가 시릴의
어깨 위에 손을 올리고는, 그와 함께 있고 그를 응원한다
는 뜻으로 손에 살짝 힘을 준다. 갑자기 시릴이 난폭하게
얼굴을 손톱으로 긁고 차창과 대시보드에 머리를 세게 박
는다. 사만다는 차를 급하게 갓길에 세운다. 그녀는 시릴의
팔을 붙잡아 시릴이 자해하고 머리를 박는 것을 막는다.

사만다　　시릴! 시릴!

그녀는 시릴을 팔로 감싼다. 그녀의 몸이 시릴이 움직이는
대로 움직인다. 잠시 후, 시릴이 조금씩 진정한다. 그러다
갑자기 울음을 터뜨린다. 목 놓아 운다. 시릴은 사만다의
배에 머리를 파묻고, 사만다는 눈물을 참으며 시릴의 얼굴

과 머리카락을 쓰다듬는다……. 차들이 빠르게 달리는 소
리가 들린다.

#44. 실외-발포트의 거리, 광장(낮)

시릴의 얼굴에 긁힌 자국이 있다. 시릴은 자전거 핸들에
심부름으로 산 물건이 든 봉투를 매달고 달린다. 시릴은
건물을 따라 달리다가 광장을 건넌다. 아이들의 함성, 청
소년들이 노는 소리가 들린다. 시릴은 아이들의 소리가 들
리는 쪽을 바라보다가 그들을 향해 달린다. 광장의 아래
쪽, 작은 야외 축구장 스피커가 있는 곳에 도착해서 멈춘
다. 시릴은 또래 친구들이 노는 모습을 바라본다. 잠시 후,
놀고 있던 무라드라는 소년이 시릴에게 다가온다.

무라드　　우리 팀에 한 명이 부족한데 같이 할래?
시릴　　　그래. 금방 올게.

시릴은 페달을 빠르게 밟는다.

#45. 실외-발포트, 사만다의 미용실 앞(낮)

시릴이 사만다의 미용실 앞에 도착해서 브레이크를 밟고
자전거에서 뛰어내린 후, 자전거를 벽에 기대어 세워둔다.
핸들에 걸어둔 봉투를 들고 입구를 향해 달린다.

#46. 실내-사만다의 미용실(낮)

마음이 급한 시릴이 손님과 대화를 나누느라 분주한 보조 미용사 옆을 지나친다. 시릴은 사만다가 또 다른 손님의 머리를 손질하고 있는 의자를 향해 간다. 시릴은 사만다가 장을 보라고 준 것에서 남은 돈을 꺼낸다.

시릴   축구하고 올게요! 4유로…… 60센트 남았어요.

시릴은 선반에 돈을 놓는다.

사만다   고마워. 얼마 들었어?
시릴   몰라요.

시릴은 바닥에 내려놓았던 봉지를 들고 안채로 이어지는 문을 향해 걷는다.

사만다   계산해봐. 10유로 줬잖아.
시릴   5유로…… 40…….
사만다   그래.

사만다가 '그래'라고 말하자마자, 시릴은 안채로 이어지는 문을 통과한다.

#47. 실내-사만다의 집, 주방(낮)

시릴이 냉장고로 뛰어가서 문을 열기 전에 먼저 팽데피스
(향신료와 꿀을 넣은 빵—옮긴이)를 꺼낸다. 그러고 나서
물건을 산 봉투를 넣고 냉장고 문을 닫는다. 시릴은 재빠
르게 팽데피스의 포장을 벗겨내고, 서랍 속에서 칼을 가져
와 조리대에 놓고 빵을 자른다.

#48. 실외-발포트, 미용실 앞(낮)

시릴은 빵을 먹으면서 문을 닫고 나간다. 시릴은 자전거가
사라진 것을 알아채고 자전거를 세워뒀던 곳을 향해 달리
고, 광장 쪽을 바라보다가 이전에 시릴의 자전거를 훔치려
고 했던 소년이 시릴의 자전거를 타고 있는 것을 본다. 소
년은 약 50미터 떨어져 있고, 서서 페달을 밟고는 시릴을
바라보면서 출발 자세를 취한다. 시릴이 소년을 향해 뛰기
시작하자, 소년은 핸들을 틀어 페달을 빠르게 밟으면서 달
아난다.

#49. 실외-발포트, 길, 도로(낮)

시릴은 건물을 따라 뛰다가 모퉁이에 이른다. 시릴은 자전
거 탄 소년이 아래쪽 도로를 달리는 것을 보고 도로로 가
는 오르막길을 빠르게 달린다.

#50. 실외-발포트 근처 도로, 숲(낮)

뛰어가던 시릴은 숨을 고르기 위해 잠시 걷다가 다시 달린다. 시릴은 도로의 주유소를 지나고, 자전거 탄 소년은 주유소와 이어진 도로와 맞닿은 숲으로 사라진다.

#51. 실외-숲, 트레일러가 있는 주차장(낮)

시릴은 숲으로 들어간다. 자전거 탄 소년이 30미터 떨어진 곳에서 시릴을 기다리고 있다. 근처에는 버려진 트레일러가 세워진 주차장이 있다. 트레일러의 차체가 망가져 있다. 시릴은 자전거에 올라타 꿈쩍도 하지 않는 소년에게 다가간다. 시릴은 소년과 몇 미터 거리를 두고 있다.

시릴　　돌려줘.

소년　　네가 가지러 와.

시릴은 다시 숨을 고르다가 별안간 소년에게 돌진한다. 소년이 자전거에서 뛰어내리고, 그들은 싸운다. 트레일러 뒤에서 네 명의 청소년들이 나온다. 그들 중 열여덟 살로 나이가 가장 많은 남자애가 웨스다. 그들은 시릴과 소년을 에워싸고 싸움을 부추긴다. 시릴이 소년에게 올라타고, 소년은 탈출해서 일어나 시릴과 다시 싸운다.

웨스　　(시릴에게) 공격해, 핏불! 공격해!

시릴이 소년에게 달려들고, 그들은 싸우다가 다시 바닥에 엎어져서 또 싸운다. 소년이 물러난다. 아이들이 소년을 보며 웃고, 소년은 트레일러 옆에 있는 나무를 향해 뛰어 가지를 붙잡고 나무 위로 오른다. 시릴도 뒤를 따라서 나무를 오르는데…… 웨스가 시릴의 발목을 붙잡아 올라가지 못하게 막는다.

웨스　　　됐어, 핏불, 그만하면 됐어. 네가 이겼어!

시릴은 계속 싸우려고 한다.

웨스　　　됐다고 했잖아! 내려와!

시릴은 웨스의 도움을 받아 내려오기 시작한다. 시릴이 땅에 발을 내려놓는다.

웨스　　　악수나 할까? 너, 끝내줬어. 인정해!

웨스가 손을 내밀자 시릴이 잡는다.

웨스　　　(나머지 세 사람에게) 악수해!

세 명의 청소년이 시릴에게 악수를 청하며 승리를 축하한다. 시릴은 악수한 후에 자전거가 있는 곳으로 간다.

웨스　　　（세 사람에게）난 재랑 같이 갈게.

　　　　　　（여전히 나무 위에 있는 소년에게）로건!

로건　　　（v.o）왜?

웨스　　　내 차 닦아놔. 나빌한테 열쇠가 있어.

웨스는 나빌에게 차 열쇠를 주고 시릴에게 간다. 시릴은
자전거를 일으켜 세워 타기 전에 바퀴를 잡고는 핸들의 방
향을 바르게 돌린다.

웨스　　　시내로 가니?

시릴　　　（자전거에 올라타면서）응.

웨스　　　나도…….

시릴은 뒷바퀴의 바람이 빠진 것을 발견하고 자전거어서
내린다.

웨스　　　못이나 유리 조각 같은 게 박혔나 봐. 여기 그런
　　　　　　거 많거든…….

웨스가 바퀴를 살피는 시릴 곁에서 몸을 숙인다.

웨스   근처에 있는 수리점에 가자. 내가 아는 사람이
있어.

웨스가 자전거를 어깨에 둘러멘다.

웨스   도로까지는 내가 들게.

시릴이 도로를 향해 걷고, 웨스가 옆에서 자전거를 들고
간다.

#52. 실외-발포트, 숲이 끝나는 곳, 도로(낮)

그들은 도로 근처에 도착한다. 웨스는 여전히 자전거를 들
고 있다.

웨스   지난주에 네가 개를 때리는 걸 봤어. 너한테 복
수하고 싶었을 거야. 너보다 더 세다는 걸 보여
주려고.

웨스는 시릴이 눈에 먼지가 들어간 것처럼 손등으로 눈을
비비는 걸 본다.

웨스   아파?
시릴   아니.

웨스   네가 더 셀 줄 알았어. 대단해! 몇 살이니?
시릴   열두 살.
웨스   걘 열네 살이야. 대단하네, 핏불!

웨스는 자전거를 보도에 내려놓는다.

웨스   어디에 사니?
시릴   사만다네 집, 광장에 있는 미용실 주인이야.

시릴이 웨스에게 자전거를 받아서 나란히 걸으며 자전거
를 끈다.

웨스   엄마야?
시릴   아니야. 주말에만 나를 돌봐주는 거야.
웨스   너한테 잘해주니?
시릴   응.

웨스는 담배를 꺼내서 시릴에게 내민다.

웨스   담배 피우니?
시릴   아니.
웨스   주중에는 보육원으로 가겠네.
시릴   응. 너도 알아?

웨스　　　나도 거기에서 3년간 살았어. 우리는 통할 수밖에 없겠군.

웨스는 시릴이 다시 눈을 비비는 것을 본다.

웨스　　　어디 보자.

그는 시릴이 다쳤는지 보려고 몸을 숙인다. 담배를 바닥에 놓고 손가락 두 개로 눈 주변을 만지다가 눈꺼풀을 조심스럽게 벌린다.

웨스　　　뭐가 들어갔어. 기다려봐…….

웨스는 외투 주머니에서 담배를 마는 넓은 종이를 꺼내서 얇게 접는다.

웨스　　　플레이스테이션 좋아해?
시릴　　　응.
웨스　　　플레이스테이션 있니?
시릴　　　아니. 보육원에서 가끔 오래된 플레이스테이션 1을 가지고 놀아.

웨스는 얇게 접은 종이를 시릴의 눈 가까이 가져간다.

웨스　　　나는 플스 3가 있어. 〈메탈 기어〉 최신 버전이랑.

그는 손가락 하나로 눈꺼풀을 벌려서 얇게 접은 종이를 안쪽으로 넣는다.

웨스　　　게임하고 싶니?
시릴　　　하고 싶어.
웨스　　　됐다. 빠졌어. 괜찮아?

#53. 실내-웨스의 집, 계단, 복도(낮)

시릴은 웨스를 따라서 좁은 콘크리트 계단을 오른다(웨스는 담배를 입에 물고 있다). 웨스는 주머니에서 열쇠를 꺼내 문을 연다.

#54. 실내-웨스의 집, 거실(낮)

웨스가 몸을 구부려 침대 옆 바닥에 떨어져 있는 잠옷 차림의 할머니를 안는다. 할머니는 혼자 일어나지 못하는 듯하다. 웨스는 시릴에게 담배를 받아달라며 고갯짓한다. 시릴은 웨스의 입에 있던 담배를 받아들고는 웨스가 할더니를 일으켜서 침대에 올리는 걸 본다.

할머니　　　(웨스에게) 리모컨이 떨어졌는데, 그걸 줍다가…….

웨스   할아버지는 어디에 있어?
할머니   약국에. 술집으로 샌 것 같아.

시릴은 바닥에 떨어진 리모컨을 주워서 웨스에게 주고, 웨스는 담배와 리모컨을 가져간다.

웨스   (리모컨을 손에 쥐고) 몇 번 틀어줄까?
할머니   5번.

#55. 실내-웨스의 집, 방(낮)

엉망인 방. 이불과 게임 CD와 포장을 뜯은 박스 몇 개, 게임기 두세 개, 케이블, 게임 조종기가 바닥에 떨어져 있다. 침대 맞은편 작은 서랍장 위에 커다란 평면 TV가 놓여 있다. 웨스는 게임기를 켠다.

웨스   앉아.

시릴은 머뭇거린다.

웨스   (침대를 가리키며) 저기! 앉아, 핏불.

시릴이 앉는다.

웨스   핏불이라고 부르는 게 마음에 들어?

시릴   응.

웨스   난 웨스야. 웨스커. 〈레지던트 이블〉에 나오는
       애, 알아?

시릴   안경 쓴 애!

웨스   응. 옛날에는 안경을 꼭 쓰고 다녔거든. 기다려봐.

웨스가 선글라스를 찾는다. 웨스는 의자 밑에서 발견한 선
글라스를 쓰고 웨스커를 흉내 내 말하고, 시릴은 그걸 보
며 웃는다. 갑자기 시릴의 휴대전화가 울린다. 시릴이 휴
대전화를 꺼내 받는다.

시릴   (전화를 받으면서) 여보세요……. 네……. 아니
       요. 전…….

웨스   (낮은 목소리로) 나랑 같이 있다고 하지 마!

시릴   (휴대전화에) 아니요. 저는 걔네들이랑 같이 안
       갔어요. 다른 친구들을 만났어요. 자전거를 타고
       있어요. 아니요. 네……. 네……. 잠시 후에 봐
       요……. (전화를 끊는다)

웨스   미용사야?

시릴   응.

시릴이 휴대전화를 주머니에 넣고, 그사이 웨스는 침대 위

에 흩어져 있는 게임 CD들을 빠르게 뒤적거린다.

웨스　　나랑 같이 있다고 말하면 이렇게 말할걸. "뭐라
　　　　고? 마약 파는 애랑!" 이 동네 사람들은 모두 내
　　　　가 마약상인 줄 알아. 개새끼들!

웨스는 그 말을 하면서 게임을 고른다. 웨스는 게임기에
CD를 넣는다.

웨스　　너 내가 약 파는 거 봤어? 내가 너한테 약하자고
　　　　했어?
시릴　　아니…….

비디오 게임 소리가 들린다. 웨스가 화면을 보고 있던 시
릴에게 조종기를 넘겨준다.

시릴　　무선이야?
웨스　　응. 뭐 마실래? 콜라, 환타, 맥주?
시릴　　환타.

웨스가 작은 냉장고에서 음료수를 꺼내는 동안 플레이스
테이션 조종기를 만지는 시릴. 시릴의 기분이 좋다.

웨스   넌 누구 할래?

시릴   볼긴! 총을 쏘려면 어떻게 해야 해?

웨스   붉은 원이 있는 버튼을 눌러. 'L'은 왼쪽, 'R'은
       오른쪽.

웨스는 음료수 두 캔을 가지고 온다. 웨스는 게임 CD를 치
우고 시릴 옆에 앉는다. 그가 앉자 시릴의 휴대전화가 다
시 울린다. 시릴이 주머니에서 휴대전화를 꺼낸다.

웨스   또 그 여자야?

시릴   응.

웨스   받지 마! 귀찮게 하네!

시릴이 소리를 끈다.

웨스   꺼버려!

시릴   응.

웨스는 시릴 옆에 앉는다. 그는 시릴의 손에 있던 리모컨
으로 비디오 게임의 볼륨을 최대한 올리며 시릴이 게임하
는 것을 바라본다. 웨스는 시릴의 캔을 따준다.

웨스   빨리 움직여야지. 내가 네 목을 두 번은 졸랐겠다.

시릴이 손을 빠르게 움직이고, 웨스는 환타 캔을 따서 무릎 사이에 껴놓고는 자기가 마실 맥주를 딴다.

웨스　　　우와, 핏불!

시릴은 웨스가 건네는 환타를 받고 다시 게임한다. 웨스는 시릴이 자신을 바라보도록 어깨를 붙잡고 캔을 들어 올린다. 시릴이 웨스를 따라 한다.

웨스　　　집에 데려온 애는 네가 처음이야……. 반갑다!

웨스는 시릴과 건배한다. 그들은 음료수를 한 모금 마시고 다시 게임한다.

#56. 실내/실외–차고, 주유소(저녁)

시릴은 자전거에 올라타고, 웨스는 주머니에서 10유로를 꺼내 수리공에게 건넨다.

수리공　　　고마워.

웨스와 시릴은 수리공에게 인사하고, 시릴은 (자전거를 타고) 웨스와 차고를 나와 주유기와 가게 사이로 지나간다.

시릴	사만다에게 10유로 달라고 해서 갚을게.
웨스	난 그 돈 필요 없어. 내가 낼게. 배가 조금 출출한데, 뭐 먹을래?
시릴	그래.

그들은 가게 안으로 들어간다.

#57. 실외-발포트 근교, 도로 근처(저녁)

시릴이 비스킷을 먹으면서 자전거를 타고 천천히 달리고, 웨스도 비스킷을 먹으면서 걷는다. 웨스의 손에 비스킷 상자가 들려 있다.

시릴	무슨 일인데?
웨스	말했잖아. 우리 둘이 할 수 있는 일이라고……
시릴	응. 그러니까 무슨 일?
웨스	그걸 말하려면 내가 너를 믿을 수 있어야지.
시릴	믿어도 돼.
웨스	진짜야?
시릴	응.
웨스	아니야. 넌 좀 의심스러운 구석이 있어서……

침묵. 웨스가 시릴의 어깨 위에 손을 올린다.

웨스   농담이야, 핏불! 나는 널 믿어. 완전히! 자, 이거
          받아.

웨스가 시릴에게 비스킷 상자를 건네고 시릴이 그걸 받는다.

웨스   우리 집에 와서 살래?
시릴   나는 이미 사만다 집에서 살고 있어.
웨스   위탁가정을 바꿀 수도 있어. 내 방 옆에 빈방이
          있거든. 우리 할머니, 할아버지도 좋다고 할 거
          야. 물어보기만 하면 돼. 내가 물어볼까?
시릴   그래.

시릴이 비스킷 상자에서 비스킷을 꺼내려고 하는데 반대
방향에서 달려오던 차가 브레이크를 밟는다.

시릴   사만다야!
웨스   내가 알아서 할게……. 토요일에 만나자.

사만다가 질이 운전하는 차에서 내린다.

사만다   여기서 뭐 하는 거야? 두 시간 동안이나 찾아다
          녔잖아!

시릴은 자전거를 잡고 있고, 웨스가 사만다에게 다가간다.

웨스　　　시릴 잘못이 아니에요. 저기 밑에서 자전거를 밀
고 있더라고요. 제가 보니까 바퀴에 구멍이 났
고, 그래서 고쳐주려고 수리점에 데려갔어요.

사만다가 웨스를 쏘아본다.

사만다　　(시릴에게) 자전거 이리 줘.

사만다는 차 트렁크를 연다.

시릴　　　혼자 갈래요.
사만다　　잠자코 따라와.

사이.

웨스　　　(시릴에게) 어서 가, 잘 가.
시릴　　　(웨스에게) 안녕.

시릴은 사만다를 따라가고 사만다가 자전거를 들어서 트
렁크에 넣는다.

#58. 실내/실외-발포트, 자동차(저녁)

시릴은 뒷좌석에 앉아 있다. 질이 운전하고 사만다가 옆자리에 있다.

사만다　(시릴에게) 저 자식이랑 다니면 안 돼! 마약 파는 애라고!

시릴　날 도와줬는데 어떡해요.

사만다　나한테 전화했어야지.

질　왜 아줌마 전화를 안 받았어?

시릴은 아무 말도 하지 않는다.

질　왜 전화를 안 받았어?

시릴은 아무 말도 하지 않는다.

사만다　대답해!

시릴　울리는 걸 못 들었어요.

질　거짓말쟁이.

시릴　거짓말쟁이는 아저씨야!

질이 갑자기 브레이크를 밟아 차를 세우고 시릴을 돌아본다.

질   사과해!

시릴이 아무 말 없이 질을 바라본다.

질   나한테 한 말, 사과해!

시릴은 말이 없다.

사만다   시릴, 사과해.

시릴은 말이 없다.

질   사과를 하든지, 집에 오지 말든지!
사만다   (질에게) 그런 말은 하지 마.
질   (사만다에게 큰 소리로) 아무 말도 못 하게 하는
           군! 재가 당신을 돌게 하잖아. 지난주 토요일에
           는 당신이 재가 발작을 일으켰다그 오지 말라고
           하고, 오늘은 재가 전화를 안 받아서 두 시간 동
           안 찾아다니고, 이제는 나한테 욕까지 해!
           (시릴에게) 사과해. 아니면 아줌마네 집에 다시
           는 오지 마!
사만다   (소리를 지르며) 그런 말 하지 달라고! 당신이
           뭔데!

질이 놀라서 사만다를 바라본다.

질   애야, 나야!

사이.

질   내 말 듣고 있지? 애야, 나야!
사만다   애야.

질은 안전벨트를 풀고 차에서 내린다. 질이 사라진다. 잠
시 후, 사만다는 운전석으로 자리를 옮기더니 안전벨트를
매고 출발한다.

#59. 실내-사만다의 집/주방(저녁)

시릴은 가스레인지 앞에서 토마토와 계란을 요리하느라
바쁜 사만다 옆에 있다. 시릴은 휴대전화를 만지작거린다.

시릴   봐요. 잠금을 푸는 걸 깜빡하면…….
              (시릴은 휴대전화를 주머니에 넣고 자전거 페달
              을 밟는 시늉을 하다가 휴대전화를 주머니에서
              꺼낸다.) 꺼져 있잖아요. 이렇게 된 거예요. 페달
              을 밟다가…….
사만다   그게 중요한 게 아니야. 넌 자전거 바퀴에 구멍

이 났을 때 나한테 전화했어야 했어.

시릴은 냉장고에서 물병을 꺼내 식탁으로 간다. 컵 두 개
에 물을 붓는다. 사만다는 프라이팬을 들고 식탁으로 온다.

사만다　그게 이해가 안 된다는 거야! 네가 전화를 안 했
다는 게……. 어떻게 내가 너를 도우러 갈 수 있
다거나, 네가 들어오지 않아서 내가 걱정한다고
생각하지 않을 수가 있지?

시릴　모르겠어요……. 포크를 깜빡했네요.

시릴은 자리에서 일어나 서랍에서 포크 두 개를 꺼내고,
사만다는 시릴의 접시에 음식을 담은 후에 자신의 접시에
도 담는다. 시릴은 사만다 접시 옆에 포크를 놓고 자리에
앉아 먹기 시작한다.

사만다　기다려.

시릴은 먹는 걸 멈추고 사만다가 앉기를 기다린다.

사만다　맛있게 먹어.

시릴　잘 먹겠습니다.

그들은 밥을 먹기 시작한다. 침묵…….

사만다   약속해. 그 남자애랑 절대 어울리지 않는다고, 너
          한테 절대 접근하지 못하게 할 거라고. 알겠지?

시릴   네.

시릴은 음식을 씹고 물을 한 모금 마시고 다시 먹는다.

#60. 실외-숲, 트레일러가 있는 주차장(낮)

시릴이 트레일러에 기대 받쳐놓은 자전거 옆에 서서 손으
로 나뭇가지를 잡고 있다. 시릴은 숨기라도 하듯이 트레일
러 외벽에 붙어 있다.

웨스   (v.o) 그가 차양을 내려. 열쇠로 잠그고. 휴대전
          화 껐지?

시릴   (주머니에서 휴대전화를 꺼내면서) 아니, 끌게.
          저녁에는 안 가지고 올 거야. 사만다 집에 일부
          러 두고 올 거야. 껐어.
          (휴대전화를 주머니에 넣는다.)

웨스   (v.o) 그가 모퉁이로 다가오고 있어. 널 지나쳐
          걸어가…….

웨스가 트레일러 뒤에서 나오면서 팔에 뭔가를 들고 있는

사람을 흉내 낸다.

웨스   그의 손에 팔지 못한 신문이 담긴 상자가 들려
         있어…….

웨스가 트레일러 옆에 있는 자동차 뒤쪽으로 몇 걸음 다가
간다.

웨스   상자를 내려놓고 트렁크를 열어…….

시릴은 상자를 드는 흉내를 내며 몸을 숙이는 웨스에게 서
둘러 다가가 나뭇가지로 그를 때리는 시늉을 한다. 웨스는
넘어지는 척하고, 시릴은 나뭇가지를 바닥에 내려놓고 웨
스의 배 부분의 티셔츠를 당긴다. 웨스는 시릴의 손목을
잡는다.

웨스   아니야!

시릴은 당황해서 잠시 웨스를 바라보고 금세 웨스가 하려
는 말을 이해한다. 시릴은 웨스의 외투 주머니를 뒤지기
시작한다.

웨스   아니! 일단 손목에 있는 가방부터!

시릴   아, 맞다!

시릴은 웨스의 손목에 묶여 있는 봉투의 끈을 풀어서 가방을 뒤지듯 뒤적이고, 웨스의 외투 안주머니를 뒤지고, 웨스의 배 부분의 티셔츠를 들어 올린 후에 바지의 벨트와 웨스의 배 사이에 껴 있는 50유로를 꺼낸 후 일어나서 달아나려고 한다. 웨스는 시릴의 팔을 붙잡는다. 시릴은 나뭇가지 줍는 것을 잊었다는 사실을 깨닫고 나뭇가지를 다시 주운 후에 몇 미터 달린다. 시릴이 자리에서 일어나는 웨스에게 돌아와 50유로를 건넨다.

웨스   내 눈을 봐. 가방과 주머니를 뒤지는 걸 잊는다
는 건 뭘 의미해?

시릴   잊지 않았어.

웨스   그게 무슨 뜻이냐고?

시릴   그건 내가 그 사람이 로또에 당첨된 돈을 어디에
뒀는지 안다는 거지.

웨스   그래. 그건 뭘 의미하냐고?

시릴   네가 의심을 받게 된다는 거. 네가 그 사람 서점
에서 일했으니까.

웨스   네가 나를 경찰한테 넘기는 거야! 네가 배신자
라는 뜻이고, 핏불! 네가 날 감옥으로 보내는 거
야! 내가 감옥에 가면 좋겠어?

시릴   아니…….
웨스   첫째, 뭘 뒤진다고?
시릴   가방.
웨스   둘째?
시릴   외투 주머니.
웨스   셋째는 배.

웨스는 그의 차 운전석을 향해 걷는다. 차 문을 열고 좌석
밑에서 야구 방망이를 꺼낸다.

웨스   이걸로 연습할 거야.

시릴은 야구 방망이를 받아서 그걸 바라본다.

시릴   이걸로 죽으면 어떡해?
웨스   그럴 리 없어. 여기, 이 끝을 잡아.

시릴은 웨스의 팔목에 비닐봉지를 묶기 위해 야구방망이
를 다리 사이에 끼워 넣는다.

웨스   네 몫으로 얼마를 줄까? 500유로?
시릴   난 됐어.
웨스   그럼 이 일을 왜 해?

시릴   널 위해서.

#61. 실내-사만다의 집, 주방(저녁)
사만다   뭐 하는 거야? 안 돼…….

사만다는 세탁기 안에서 빨래를 뒤지다가 문을 열고 나가려는 시릴을 붙잡는다. 사만다는 문을 거칠게 닫는다.

사만다   내가 나가지 말라고 하면 나가지 마!
시릴   왜요?
사만다   밤에 돌아다니지 말라고. 무라드랑 극장에 가든가! 초대받았잖아.

사만다가 열쇠로 문을 잠그고는 열쇠를 주머니 안에 넣고 다시 세탁기 있는 곳으로 간다.

시릴   그냥 애들이랑 자전거만 탈게요.
사만다   누구랑? 마약상?
시릴   왜 걔 이야기를 해요? 걔는 자전거도 안 타는데.
사만다   걔는 늘 주위를 얼쩡대니까. 다른 애들을 물들이려고 한다고! 넌 새로 왔으니까 널 찍은 거야.
시릴   나갈 거예요.

시릴은 서랍장을 발로 찬다.

사만다   그만해!

시릴은 사만다에게 등을 돌리고 서랍장에 기댄다. 침묵…….

사만다   무라드랑 걔네 부모님이랑 극장에 가는 건 왜
          싫어?

시릴은 대답하지 않는다.

사만다   무라드는 네 친구가 되고 싶어 해. 걔네 엄마가
          그랬어.

시릴은 대답하지 않는다. 초인종 소리가 들린다.

사만다   무라드야! 극장에 갈 거니? 시릴…….
시릴   아니요.

사만다는 미용실로 연결되는 복도로 나간다.

#62. 실내-사만다의 집/미용실(저녁)
사만다가 미용실 문 앞에서 열쇠를 돌린다. 문을 연다. 무

라드가 있다.

무라드　시릴을 데리러 왔어요.
사만다　가기 싫대. 네가 직접 물어보렴.

무라드가 들어온다.

#63. 실내-사만다의 집, 주방(저녁)
무라드와 사만다가 주방 입구에 있다. 시릴은 여전히 서랍
장에 기대 있다.

무라드　극장에 갈래?
시릴　아니…….
무라드　3D 영화야. 재밌을 텐데.
시릴　별로.

침묵.

무라드　알았어. 안녕.
시릴　잘 가.

#64. 실내-사만다의 집, 미용실(저녁)
사만다가 문 앞까지 무라드를 배웅하면서 문을 연다.

사만다   우리 내일 경기 보러 갈 건데, 너도 같이 갈래?

무라드   네. 몇 시에요?

사만다   여기서 2시에 출발할 거야.

무라드   좋아요. 내일 봬요.

사만다   내일 보자. 부모님께 시릴 대신 죄송하다고 전
해줘.

사만다는 열쇠로 문을 잠근다.

#65. 실내-사만다의 집, 주방(저녁)

사만다가 복도를 거쳐 주방으로 들어갔는데, 시릴이 없다.

사만다   시릴!

그녀는 즉시 복도로 달려가 위층을 향해 계단을 뛰어 올라
간다.

#66. 실내-사만다의 집, 계단, 욕실(저녁)

사만다가 계단의 마지막 칸을 빠르게 올라 시릴의 방문을
연다. 사만다는 욕실 문틈에서 새어 나오는 소리를 듣고
서둘러 욕실로 향한다.

시릴이 좁은 창문으로 빠져나가는 중이다. 사만다가 시릴
의 팔과 다리를 잡는다.

사만다　　들어와! 시릴! 들어오라고!

시릴은 강제로 끌려 들어가지만 들어오자마자 사만다의 팔을 때린다. 사만다가 시릴을 놓아주자, 욕실 밖으로 나가 계단을 뛰어 내려간다. 사만다가 뒤를 쫓지만 한발 늦었다.

#67. 실내-사만다의 집, 복도, 미용실(저녁)

시릴은 미용실 입구로 뛰어서 열쇠를 돌리지만, 사만다가 시릴의 팔을 붙들고 잡아당긴다. 사만다는 시릴이 문으로 나가지 못하게 막는 데 성공한다.

사만다　　진정해. 내 말 듣고 있니? 진정하라고!

시릴　　　아줌마가 뭔데? 아줌마는 우리 아빠가 아니잖아. 엄마도 아니고!

시릴이 사만다를 때릴 듯하다가 차마 그렇게 하진 못한다.

시릴　　　난 더 이상 여기 있고 싶지 않아요! 보육원으로 갈래! 나가게 해줘요!

사이.

사만다　　보육원에 전화해. 내가 데려다줄게. 나도 그래. 네가 나가면 좋겠어.

시릴　　운전해줄 필요 없어요. 아줌마는 이제 필요 없어! 나갈 거예요!

시릴은 그렇게 말하고 자기를 가로막고, 말리고, 미용실 의자로 밀어붙이는 사만다에게 달려든다. 그러던 중에 의자가 쓰러지면서 사만다도 넘어진다. 의자가 넘어질 때 선반에 있던 미용 도구들이 떨어졌는데, 그중에 가위도 있다. 갑자기 시릴이 가위를 잡는다.

사만다　　안 돼!

너무 늦었다. 시릴이 가위로 사만다의 팔을 찌른다. 동시에 사만다는 시릴이 다치지 않게 뒤로 물러나고, 사만다가 바닥에 쓰러지면서 시릴도 쓰러진다. 시릴은 사만다를 마주 보고 자기가 저지른 일에 놀라서 꼼짝도 하지 못한다. 그러다 별안간 일어나서 가위를 버리고 복도로 달아나 계단을 올라간다. 사만다는 팔을 붙잡은 채 일어나 시릴을 따라간다.

#68. 실내-사만다의 집, 2층, 계단(저녁)
사만다가 빠르게 계단을 올라가 욕실 문을 향해 뛴다. 사만다가 문을 열려고 하지만 문이 잠겨 있다.

사만다   (소리를 지르며) 시릴! 시릴!

시릴이 대답하지 않는다. 사만다는 상황을 파악하고 계단으로 돌아가 서둘러 내려간다.

#69. 실내-미용실 앞, 미용실(저녁)

사만다가 미용실의 문을 열고 밖으로 뛴다. 시릴이 마당과 연결된 철문을 막 빠져나왔다. 시릴은 자전거를 타고 광장을 향해 전속력으로 달린다.

사만다   (소리를 지르며) 돌아와! 시릴!

시릴은 페달을 계속 밟는다. 사만다는 멀어지는 시릴을 바라본다. 사만다는 미용실로 돌아와 문을 열고 싸움으로 엉망진창이 된 모습을 잠시 바라보다가 전화기가 있는 카운터로 향한다. 사만다는 서랍에서 수첩을 꺼내 펼친다. 그녀의 눈에 눈물이 글썽거린다. 사만다는 잠시 울다가 울음을 삼키고 전화번호를 누른다.

사만다   안녕하세요. 사만다예요. 시릴의 위탁가정이에요. 선생님과 통화할 수 있을까요?

화면에 수화기를 들고 교사가 전화를 받길 기다리는 사단
다의 얼굴이 보인다.

#70. 실내-발포트, 서점 근처(저녁)

시릴은 건물 뒤편의 기둥 뒤에 숨어 있다. 시릴은 손에 야
구방망이를 들고 기다린다. 얼마 후 금속 덧문을 내리는 스
리가 들리고…… 다가오는 발소리. 서점을 운영하는 40대
남자가 쓰레기통을 들고 시릴 앞을 지나간다. 남자가 걸음
을 멈춘다. 시릴은 야구방망이를 살짝 들고 숨어 있던 곳에
서 나오려고 하지만 차마 그러지 못하고 망설이다가……
갑자기 야구방망이를 들고 나와 서점 주인의 뒤통수를 때
린다. 서점 주인은 차 옆에 쓰러진다. 시릴은 패닉 상태에
빠졌다가 서점 주인의 손목에 묶여 있던 가방을 열어 뒤지
다가 내용물의 일부를 바닥과 서점 주인의 몸 위에 떨어뜨
린다. 갑자기 뒤에서 발소리와 목소리가 들린다.

마르탱　　아빠…… 덧문이 안 닫혀…….

서점 주인의 아들인 열다섯 살 마르탱은 야구방망이를 들
고 일어나는 시릴 앞에 멈춰 선다. 시릴이 마르탱의 머
리를 방망이로 내려치자, 마르탱이 쓰러진다. 시릴은 방
금 자신이 저지른 일에 놀라서 한동안 꼼짝도 하지 못하
고 마르탱의 몸에 시선을 고정했다가, 정신이 되돌아온

듯 서점 주인을 향해 몸을 숙인다. 시릴은 그의 셔츠를 걷
어 올리고 허리에 차고 있던 나일론 주머니의 지퍼를 열
어 고무줄로 묶은 지폐를 꺼낸 뒤 몸을 일으켜 달아나려
고 하다가 다시 방망이를 줍고는 건물 뒤쪽 벽을 따라 도
망친다.

#71. 실외/실내-건물 근처 길, 웨스의 자동차(저녁)

시릴은 달려서 웨스의 차가 있는 곳에 도착해 웨스가 살짝
열어놓은 조수석의 문을 열고 재빨리 올라탄다. 웨스가 부
르릉 소리를 내며 시동을 건다.

#72. 실내/실외-웨스의 차, 발포트 근교(저녁)

웨스가 차를 전속력으로 몰아 주유소를 지난다.

웨스　　개가 널 봤어?

시릴　　그런 것 같아. 뒤에서 나타났단 말이야. 개를 때
　　　　려야 하니까 어쩔 수 없이 돌아섰어.

웨스는 계속 운전한다. 긴 침묵. 웨스가 갑자기 뒷주머니
에서 시릴이 준 돈뭉치를 꺼낸다.

웨스　　다시 가져가!

시릴　　왜?

웨스   (소리치며) 가져가라고!

시릴은 돈을 가져가고 웨스는 사이드미러를 보더니 갑자기 수직 방향으로 난 길로 핸들을 튼다. 시릴은 그를 걱정스럽게 바라보고…… 웨스가 브레이크를 거칠게 밟아 차를 세운다.

웨스   도둑질은 네가 한 거야. 너 혼자 한 거라고! 알았지? 혼자 훔쳤다고! 내가 같이 했다고 말하기만 해봐! 널 죽일 거야. 알았지! 죽여버린다고! 내 차에서 내려!

시릴   내 잘못이 아니야…….

웨스   (소리를 지르며) 내려!

시릴은 차에서 내린다. 차는 요란한 엔진 소리를 내며 돌아 나간다. 시릴은 길에 혼자 서서 손에 돈뭉치를 쥔 채로 떠나가는 차를 바라본다.

#73. 실외-숲, 트레일러가 있는 주차장(저녁)

시릴은 트레일러 밑에서 자전거를 꺼내 자전거를 끌면서 달리다가 올라탄다. 시릴은 도로를 향해 페달을 밟는다.

#74. 실내/실외-버스, 도로(저녁)

시릴은 자전거를 잡고 다른 한 손으로는 버스 뒤쪽의 기둥을 잡은 채로 밤의 풍경이 펼쳐지는 창밖을 바라본다.

#75. 실외-'르 윌스' 옆 골목(저녁)

시릴은 자전거의 안장을 밟고 벽에 올라서서 식당 뒤편을 보다가 벽을 넘어 안뜰로 내려간다.

#76. 실외/실내-마당, 식당 주방(저녁)

시릴이 불 켜진 창문을 바라본다. 아버지가 나딘이 서빙을 하려고 팔에 올린 접시 네 개에 고명을 올리는 모습을 바라본다. 나딘이 사라지자 시릴이 창을 두드리고…… 그의 아버지가 시릴을 발견한다. 시릴은 문 앞에 서 있고, 시릴의 아버지가 문을 연다.

아버지　　여기서 뭐 하는 거야? 내가 한 말을 잊었어?
시릴　　줄 게 있어.

시릴은 주머니에서 돈을 꺼내고, 아버지는 그걸 흥미롭게 바라본다.

아버지　　어디서 난 돈이야?
시릴　　내가 훔쳤어. 하지만 아무도 몰라.

나딘　　　(v.o 소리치며) 토끼 요리 소스와 감자튀김 하나
더! 기!

아버지는 주방으로 서둘러 돌아가서 문을 잠근다. 시릴은
문밖에 서 있다. 잠시 후, 아버지가 문을 열고 나온다. 시릴
은 돈을 건넨다.

시릴　　　경찰한테 걸려도 아빠한테 줬다고 말하지 않을게.

아버지는 돈을 가져가려고 손을 뻗었다가 살짝 건드리기
만 하고 시릴에게 돌려준다.

아버지　　꺼져!
시릴　　　맹세해. 아무한테도 말 안 할 거야.
아버지　　꺼지라고 했잖아!

아버지가 시릴의 팔을 붙잡고 거칠게 벽 쪽으로 데려간다.

아버지　　그 돈 받고 나더러 감옥에 가라고! 나쁜 새끼!
시릴　　　아니야, 말 안 한다니까.
아버지　　입 닥쳐, 올라가!

아버지가 시릴을 억지로 담 위로 올린다. 시릴은 놀라서

손을 벌려 벽을 붙잡고 아버지에게 떨어진 돈뭉치를 준다.
아버지는 한 손으로 돈을 받더니 벽 너머로 던지고, 벽에
튀어나온 벽돌을 붙잡고 벽 위로 조금 올라가 있는 시릴을
밀어내는데…….

아버지　　　뛰어!

아버지 손에 밀린 시릴은 벽 반대쪽으로 뛰어내린다.

#77. 실외-'르 윌스' 옆 골목(저녁)
시릴은 바닥으로 떨어지고, 시릴이 넘어진 곳 근처에 아버
지가 던진 돈다발이 있다.

아버지　　　(v.o) 괜찮아?
시릴　　　　응…….
아버지　　　(v.o) 다시는 여기 오지 마!

시릴은 일어나서 돈을 바닥에 그대로 두고 벽에 기대 세워
둔 자전거를 향해 몇 걸음 걷다가 핸들을 잡고 잠시 벽 위
를 바라본다. 시릴은 길을 잃고 버려진 듯 너무나 외로워
보인다. 별안간 시릴이 자전거에 올라 페달을 밟는다.

#78. 실외-고속도로, 다리(밤)

시릴의 등, 어깨, 머리가 보인다. 시릴은 자전거를 타고 고속도로를 달린다. 시릴은 페달을 밟고 또 밟는다. 시릴의 얼굴. 시릴은 여전히 자전거를 타고 있고 다리에서 이어지는 도로로 내려가 근교로 돌아간다. 시릴이 자전거를 타고 달리다가 페달을 밟고 일어선다. 이제 시릴은 오르막길을 달린다. 달리고 또 달린다.

#79. 실외-사만다의 미용실 앞(밤)

시릴은 미용실 근처에 도착해서 브레이크를 밟는다. 시릴은 자전거를 보도에 두고 가쁜 숨을 몰아쉰다. 미용실의 불이 켜져 있다. 시릴이 초인종 버튼을 누르면서 문을 밀자 문이 열린다. 사만다는 문을 잠그지 않았다. 시릴이 들어가서 주방으로 이어지는 복도를 향해 달린다.

사만다　　시릴…….

시릴이 멈춰 서서 돌아본다. 어둠 속에서 의자에 앉아 있는 사만다를 본다.

사만다　　잠이 들었어. 널 기다리다가…….

시릴은 여전히 숨을 헐떡이며 사만다를 향해 몇 걸음을 옮긴다. 사만다를 바라본다.

시릴　　　팔을 다치게 해서 미안해요……

시릴의 눈에 눈물이 고여 있다. 시릴은 말을 더 하려고 하지만 말이 나오지 않는다.

시릴　　　저는…… 저는 아줌마와 같이 살고 싶어요. 계속…….

사이.

사만다　　이리 와.

시릴이 사만다를 잠시 바라보다가 울면서 사만다의 품에 안긴다. 사만다의 가슴과 어깨에 얼굴을 묻고 사만다를 꼭 껴안는다. 사만다도 시릴을 안는다. 사만다는 눈물을 참지 못하고, 시릴의 머리와 머리카락을 쓰다듬고 껴안는다. 잠시 후, 그들은 서로 떨어진다.

사만다　　경찰이 서점 주인 사건 때문에 너를 찾았어. 넌 가야 해.
시릴　　　네.

#80. 실내-법원 조정실(낮)

반원형 테이블. 한쪽에는 시릴과 사만다가, 다른 한쪽에는
서점 주인이 앉아 있다. 서점 주인의 옆자리는 비어 있고
가운데에는 조정관인 40대 여성이 있다.

조정관   훔친 돈 전액을 되찾은 점을 고려해 슈를레 씨와
          그의 아들 마르탱은 배상금으로 두 사람의 치료
          비 일체와 6일 동안 서점 영업을 하지 못한 것에
          대한 수입의 손실액 총 1,750유로를 청구하는
          바입니다.
          공범인 스티브 데샹은 지불 능력이 없어서 현재
          구속되었고, 피의자이자 미성년자인 시릴 카툴
          의 보호자, 사만다 푸치오 씨는 배상금 전액을
          20개월에 걸쳐 지불하기로 했습니다.

조정관은 서류를 탁자 위에 놓는다.

조정관   (서점 주인에게) 더 할 말이 있으십니까?
서점 주인   아니요.
조정관   (사만다에게) 당신은요?
사만다   없습니다.
조정관   (시릴에게) 슈를레 씨에게 사과하겠니?
시릴   네.

조정관　(서점 주인에게) 받아주시겠습니까?

서점 주인　네.

조정관　(시릴에게) 사과드리렴.

침묵.

시릴　돈을 훔치고 머리를 때려서 아저씨와 아드님께 죄송합니다.

사이.

서점 주인　(차갑게) 사과를 받아줄게.

조정관　악수하세요. 그리고 나서 합의서에 서명하도록 하죠.

시릴은 자리에서 일어나 앉아 있는 서점 주인에게 다가가 악수를 청한다.

시릴　왜 아드님은 안 왔어요?

서점 주인　걔는 너의 사과를 받고 싶지 않대.

서점 주인은 시릴에게 말하고는, 시릴을 남겨두고 자리에서 일어나 서명하러 간다.

#81. 실외-라뫼즈 강 옆 도로(낮)

도로를 달리는 시릴의 자전거 바퀴. 빠르게 페달을 밟는 시릴이 웃으면서 돌아보고…….

시릴　　(뒤쪽에 소리를 지르며) 기어를 바꿔요! 더 올 려요!

시릴은 페달을 더 힘차게 밟고…… 다른 자전거의 앞바퀴가 시릴의 뒷바퀴와 가까워지다가 추월하기 시작한다. 사만다가 기어를 올려 페달을 밟고 있다. 시릴은 일어서서 페달을 밟아 사만다를 따라간다. 그들은 경주 중이다. 사만다가 앞장섰다가 속도를 줄이고…… 시릴이 그녀를 다라잡는다.

시릴　　기어 몇 단이에요?
사만다　몰라.
시릴　　손잡이에 있는 숫자가 뭐예요?

사만다가 핸들 오른쪽 손잡이를 본다.

사만다　4!
시릴　　내 거 두 배네요! 타봐도 돼요?

사만다가 브레이크를 밟고 멈춘다. 시릴도 멈추고, 그들은 자전거를 바꿔 탄다. 시릴에게는 너무 크고, 사만다에게는 너무 작다. 사만다가 웃으면서 먼저 출발하고, 시릴은 안장에 제대로 앉지도 못한 채 페달을 밟으며 따라간다.

#82. 실외-라뫼즈 강가(낮)

사만다와 시릴이 자전거를 벤치에 기대놓는다. 사만다는 가방을 벗어서 시릴에게 주고, 사만다가 다리를 주무르며 앉아 있는 동안 시릴이 가방을 연다.

사만다　　자전거를 너무 오랜만에 타는 거라서······.

시릴은 가방에서 포장된 샌드위치를 꺼낸다.

시릴　　참치요?
사만다　　응.

사만다가 샌드위치를 받아 든다.

시릴　　난 치즈요······.

그들은 먹기 시작한다.

사만다　　저녁에 뭐 할까?

시릴　　몰라요.

사만다　　무라드네 식구들을 초대해서 바비큐를 할까?

시릴　　어디서요?

사만다　　마당에서. 지하실에 숯이랑 다 있어. 무라드를
　　　　　　부를까?

시릴　　좋아요.

사만다는 주머니에서 휴대전화를 꺼내서 전화를 건다.

사만다　　(전화하며) 여보세요. 사만다예요. 오늘 저녁에
　　　　　　무라드와 당신과 자노를 초대하고 싶은데…… .
　　　　　　네, 같이 와도 좋아요. 괜찮아요……. 6시요…….
　　　　　　네……. (전화를 끊는다.) (시릴에게) 사촌 두
　　　　　　명까지 해서 다섯 명이 온대.

시릴　　나랑 동갑이래요?

사만다　　또래인가 봐.

사이.

시릴　　아줌마는요?

사만다　　뭐가?

시릴　　남자 친구 초대 안 해요?

사만다　　참견하지 마!

그들은 미소를 짓고 서로를 바라보며 먹는다.

#83. 실내-슈퍼(낮)

시릴과 사만다가 입구를 통과한다. 사만다가 장바구니를 든다.

시릴　　불 피우는 게 있나 보러 갈게요.
사만다　　안쪽으로 들어가서 오른쪽으로 가면 숯이 있을 거야.

시릴은 가게 안쪽에 바비큐 장비가 있는 곳으로 가지만, 칸이 다 비어 있다. 시릴은 점원을 부른다.

시릴　　아저씨, 숯 있어요?
점원　　아니, 날씨가 좋아서 사람들이 다 사 갔어. 내일 9시에 들어온대.

시릴은 마트 앞쪽으로 가서 정육 코너 앞에서 줄을 서 있는 사만다를 발견한다.

시릴　　숯이 없대요. 어디에서 파는지 알아요. 에소 주

유소 안에 있는 가게에서 팔더라고요. 갔다 올
게요.

사만다는 가방에서 지갑을 꺼낸다.

시릴   숯이 남아 있어야 할 텐데…….

사만다는 10유로를 준다.

사만다   6~7유로 할 거야. 집에서 보자.
시릴   네.

#84. 실외-슈퍼 주차장(낮)
시릴이 자전거를 세워둔 곳을 향해 주차장을 달린다.

#85. 실외-발포트 근교 도로, 주차장(낮)
시릴은 자전거를 타고 숲 맞은편에 있는 도로를 건넌다.
시릴은 도로를 따라 달리다가 주유소를 향해 빠르게 내려
간다.

#86. 실내-주유소 안에 있는 가게(낮)
시릴은 진열대에서 몇 개 남지 않은 숯을 찾아서 기분이
좋다. 시릴은 숯을 품에 안고, 손님이 주유비를 계산하고

있는 카운터로 간다. 시릴은 손님 뒤에서 기다린다. 자동차 한 대가 주유기 근처에서 멈추는 소리가 들린다. 손님은 계산을 마치고 시릴은 카운터로 가서 숯을 보여준다.

시릴　　　한 봉지요.

점원　　　8유로요.

시릴은 10유로를 건넨다. 점원은 2유로를 건네주고 그들은 인사한다. 시릴이 가게의 출구로 향한다.

#87. 실외-주유하는 곳(낮)

시릴이 숯을 들고 가게를 나온다. 시릴이 가게에 기대둔 자전거를 타기 위해 몸을 돌리는데, 몇 미터 떨어진 곳에서 주유 중인 서점 주인이 보인다.

시릴　　　안녕하세요.

서점 주인은 대답이 없다. 시릴은 자전거를 타고 한 팔로 숯을 들고 다른 한 손으로 핸들을 잡는다. 시릴은 주유소를 나와 도로로 향한다. 서점 주인은 시릴이 가는 모습을 바라보는데…… 동승석 문이 열리고 그의 아들 마르탱이 나타난다. 그는 멀어지는 시릴을 잠시 바라본다.

서점 주인 쟤는 신경 쓰지 말고 차에 들어가.

갑자기 마르탱이 시릴을 향해 뛰기 시작한다.

#88. 실외-숲, 숲길(낮)

시릴이 도로의 갓길을 따라 달린다. 숲을 안고 있다. 시릴이 숲에 도착할 때쯤 갑자기 마르탱이 그를 붙잡는다. 시릴은 그를 너무 늦게 발견하고, 마르탱이 손으로 시릴의 어깨를 난폭하게 때리며 민다. 시릴은 중심을 잡으려고 하지만 숯을 떨어뜨린 채 넘어졌다가 다시 일어난다. 나이가 더 많고 덩치도 더 큰 마르탱이 시릴 앞에 서 있다.

마르탱   이제 무기가 없어서 어쩌니? 자! 때려! 때리라고!
시릴   너희 아버지한테 사과했어.
마르탱   네 사과는 관심 없어!

도로에 오토바이 한 대가 지나가는 소리가 들린다. 마르탱은 그곳을 슬쩍 보고, 사람들의 눈을 피하려는 듯 시릴을 거칠게 숲으로 민다. 시릴은 뒤로 물러나다가 비틀거리며 뒤로 넘어진다.

시릴   미안하다고 말했잖아.
마르탱   또 때려보라고!

시릴   싫어.

시릴이 일어나려고 하자, 마르탱이 시릴의 배를 발로 찬다. 시릴이 바닥에 쓰러진다. 마르탱이 다시 발로 차려고 하자, 시릴이 그의 다리를 잡는다. 마르탱이 바닥에 쓰러지고…… 시릴이 일어나 숲으로 달아난다. 시릴은 조금 더 멀리 있는 도로로 가려고 하지만 다시 일어난 마르탱이 돌을 주워서 시릴을 향해 달려가 시릴이 도로로 가지 못하게 막는다. 마르탱이 돌을 던지고, 시릴은 간신히 피한다. 마르탱은 다른 돌을 줍고, 시릴은 30미터 떨어진 트레일러가 있는 주차장을 향해 달린다.

#89. 실외-트레일러가 있는 주차장, 숲(낮)

시릴은 마르탱에게 쫓긴다. 시릴은 트레일러 위로 뛰어올라 나무를 타고…… 나무가 있는 곳으로 온 마르탱은 시릴을 향해 돌을 던진다.

마르탱   (소리를 지르며) 내려와!

마르탱이 주차장 바닥에서 돌을 찾는다. 마르탱은 나무로 다가와 시릴을 찾아서 주변을 돈다. 마르탱이 첫 번째 돌을 던지자 돌은 풀밭에 떨어진다. 시릴은 4~5미터 위에 있고, 그가 큰 가지 위로 오르려고 가지를 잡은 순간, 마르탱이 던진 돌에 손을 맞는다. 시릴은 균형을 잃고 떨어지고…… 시릴이 풀밭에 쓰러져 있다. 마르탱이 보고 다가가더니 1미터 거리를 두고 멈춘다.

마르탱　　일어나…….

시릴은 반응이 없다. 마르탱은 어쩔 줄 모르그 한 발짝 다가가 몸을 숙이더니 시릴을 만져본다. 시릴은 반응 없이 옆으로 누워서 움직이지 않는다. 손등에서 피가 흐른다. 갑자기 경적이 울리고, 마르탱이 뒤를 돌아본다. 그의 아버지 차가 숲 근처 갓길, 시릴의 자전거가 있는 곳에서 멈춘다.

마르탱　　(소리를 지르며 손짓한다.) 정신 차려! 정신 차려!

마르탱은 아버지가 차에서 내리지 않는 것을 보고 차를 향해 뛴다.

#90. 실외-숲, 숲길(낮)
서점 주인이 차에서 내리고 마르탱이 그 옆에 있다.

마르탱　　(불안한 상태로) 개가 숨으려고 안으로 올라갔고 내가 돌을 던졌어.

서점 주인 정말 안 움직여?

마르탱 응.

서점 주인 (차 문을 닫으면서) 왜 그런 짓을 했어! 걔는 어
디에 있니?

마르탱 저기, 트레일러 옆에.

그들은 숲에 들어가서 시릴이 쓰러진 곳을 향해 걷는다.

서점 주인 기다려!

마르탱이 걸음을 멈추고는, 멈춰 선 아버지를 바라본다.

서점 주인 혹시라도 걔가 죽으면 주유소에서 걔가 우리한
테 욕을 했고, 그래서 네가 쫓은 거라고 해. 걔가
너를 피해 나무 위에 올라갔다가 떨어졌다고. 돌
로 맞혔어?

마르탱 몰라. 손에 피가 묻어 있었어. 돌 때문인 것 같진
않아. 떨어지면서 다친 걸 수도 있고.

서점 주인 내 휴대전화를 가져와. 구급차를 불러야겠다. 차
문에 있어.

서점 주인은 아들에게 차 열쇠를 주고, 아들은 달리다가
나무와 트레일러 근처에서 다시 걷는다.

#91. 실외-숲, 트레일러가 있는 주차장(낮)

서점 주인이 시릴이 떨어진 나무 근처에 있다. 그는 다가가다가 걸음을 멈추고 움직이지 않는 시릴의 몸을 바라본다. 손등에서 피가 흐르고…… 그는 시릴이 누워 있는 곳에서 몇 발 떨어진 곳에서 시릴의 손을 다치게 했을 돌을 발견한다. 그가 돌을 주워서 그걸 바라보다가 멀리 던지려고 하는데, 시릴의 휴대전화가 울린다. 그가 놀란다. 그는 시릴을 바라보고, 휴대전화가 두 번, 세 번 울리다가 멈춘다. 서점 주인은 돌을 멀리 던지고 시릴에게 한발 다가간다. 그는 몸을 숙였다가 갑자기 움직이는 시릴을 바라보며 몸을 벌떡 일으킨다. 시릴은 손으로 머리를 만지며 앉는다. 서점 주인의 아들은 휴대전화를 들고 아버지가 있는 곳으로 돌아온다.

서점 주인 네가 기절했었어. 구급차를 부르는 게 좋겠다.
시릴 됐어요.

시릴은 일어나서 그를 바라보는 서점 주인과 그의 아들을 본다. 시릴은 그들 앞을 지나가 자전거가 있는 곳을 향해 걷는다.

#92. 실외-숲 옆에 있는 도로(낮)

시릴이 숲에서 나와 갓길을 걷는다. 그는 숯을 떨어뜨린

곳으로 가서 줍더니 팔 아래 낀다. 시릴은 손으로 자전거
를 일으켜 세워서 올라탄다. 페달을 밟기 시작한다. 멀어
진다. 시내를 향해 도로를 건넌다.

검은 화면으로 전환.

······그리하여 마지막에 두 번 모두 베토벤을 듣게 될 것이다

정성일 • 영화평론가, 영화감독

1

아마 나뿐만이 아닐 것이다. 다르덴 형제의 영화를 보고 나면 우리가 방금 본 영화와 그 영화를 찍기 위해 준비한 시나리오 사이에서 어디까지가 현장에서 배우에게 즉흥적으로 맡겨진 것이고improvisation, 어디부터가 미리 준비되어 대사에 따라 충분히 리허설한 다음 소도구를 배치하고 동선을 짜서 연출의 지시에 따라 움직인 것인지 궁금해진다. 그 장면에서 배우가 그저 내키는 대로 움직이고, 얼굴을 찡그리거나 예기치 않게 손을 들어 올려 눈을 만지거나 고개를 숙이는 걸 하나도 빠짐없이 지시했다면 저렇게 생생할 리가 없기 때문이다. 하지만 내키는 대로 움직이는 배우의 동선을 따라 손으로 들고 따라가는 핸드헬드 카메라 사이에는 어떤 충돌도 없다. 또 갑작스레 손을 내밀었다고 생각했는데 바로 그 자리에 사건을 이어가는 소도구가 놓여 있고, 얼굴을 찡그릴 때 그걸 기다리기라도 한 것처럼 맞은편의 배우는 그 표정에 반응한다.

그래서 나는 다르덴 형제의 영화 현장이 언제나 궁금했다. 할 수만 있으면 견학해보고 싶다. 하지만 다르덴 형제는 벨기에를 벗어나는 법이 없으며, 방문하기에는 너무 멀다. 그 대신 또 다른 방법이 있다. 옆에서 들여다보는 것만큼은 아니지만 내가 본 영화를 시나리오로 다시 읽어보는 것이다. 물론 그림 콘티를 보지 못하는 건 안타깝지만, 시나리오를 읽으면서 시뮬레이션할 수는 있을 것이다. 그러므로 이 글은 비평이 아니라 시뮬레이션에 가까운 관찰이다. 그런데 당신도 그게 궁금하지 않은가? 그래서 나는 영화를 말하다 말고 계속해서 시나리오로 돌아올 것이다. 그러니 지금부터 진행될 이야기를 위해 앞뒤로 오갈 수 있게 책갈피를 준비해두길 바란다.

2

〈로나의 침묵〉은 다큐멘터리에서 시작한 장 피에르와 뤽 다르덴 형제의 일곱 번째 장편 극영화다. 이 작품 전에 〈더 차일드〉로 칸 영화제에서 〈로제타〉에 이어 두 번째 황금종려상을 수상했고, 이다음 영화가 〈자전거를 타고 온 소년〉이다. 다르덴 형제는 〈로나의 침묵〉으로 칸 영화제에서 각본상을 받았다. 2008년에 그랑프리인 황금종려상을 받은 영화는 로랑 캉테Laurent Cantet의 〈클래스〉다.

언제나처럼 다르덴 형제는 다시 한번 빈곤을 다룬다. 이미 이들의 영화에 익숙한 이들은 이 주제가 낯설지 않을 것이다. 여기서 요점은, 이들이 이 문제를 추상적 수준이나 관념적 차원으로 끌고 가지 않는다는 것이다. 다르덴 형제는 그들의 인터뷰에서 지치지 않고 같은 말을 되풀이했다.

"빈곤은 머릿속에서 벌어지는 일이 아니에요, 이 문제를 만나는 건 언제나 구체적인 현실이에요. 그 외에 다른 곳이 있나요? 그런 다음, 이 문제는 그 사람의 몸을 통과해 지나가면서 고통과 상처를 남기지요. 거기서 멈추지 않습니다. 영혼이 부서지거나 마음이 메마르지요. 제일 큰 문제는 빈곤에 놓인 사람은 자신에게 벌어지는 사건을 자기 힘으로 멈추거나 중단시킬 수가 없어요. 우리는 문제를 해결하기 위해 영화를 만드는 것이 아닙니다. 많은 사람이 우리 영화를 보고 오해합니다. 관찰은 우리의 목표가 아닙니다. 우리는 영화를 보고 나면 당신이 질문하기를 바랍니다."

나는 이 말에 충실하게 따를 생각이다. 더도 덜도 아닌 질문. 영화를 보고 나서 질문을 정식화하는 일.

다르덴 형제가 〈로나의 침묵〉을 준비하기 시작한 건 2002년, 그러니까 다섯 번째 영화 〈아들〉을 찍고 난 다음이었다. 브뤼셀의 거리에서 일하는 매춘부를 만났고, 그녀와 긴 인터뷰를 했다. 알바니아에서 불법 이민을 왔으며, 그녀의 오빠는 알바니아계 마피아로 일하고 있었다. 오빠가 하는 일은 가난한 벨기에 여성과 시민권을 얻으려는 러시아

또는 아시아의 여러 나라에서 온 남자들과 위장결혼을 시키는 중매쟁이였다. 다르덴 형제는 언제나처럼 관련 자료를 찾고 더 많은 인터뷰를 하면서, 이 위장결혼이 드문 사례가 아니라 벨기에 이혼법의 허점을 파고들면서 만들어진 새로운 암시장임을 알았다. 언제나 시장이 문제다. 그 과정에서 이와 관련된 많은 사람이 사라진다는 것도 알았다.

시나리오가 완성된 다음, 로나를 연기할 알바니아 여자를 찾았다. 다르덴 형제는 알바니아에서 온 사람만이 로나를 연기할 수 있다고 믿었다. "카메라 앞에 섰을 때 그 사람이 로나라는 걸 우리가 믿을 수 있어야 해요." 아마도 다르덴 형제가 다큐멘터리로 시작했기 때문일 것이다. 경험이 있는 전문 배우와 카메라 앞에 처음 서는 신인을 가리지 않고 100여 명을 대상으로 오디션을 진행했다.

29세의 아르타 도브로시Arta Dobroshi는 연극 무대와 영화 모두 경험이 있었다. 아르타는 프랑스어를 할 수 있었지만 발음이 나빴기 때문에 〈로나의 침묵〉을 촬영할 도시 리에주에서 두 달 동안 발음 교정을 받았다. 리에주는 독일어와 프랑스어를 공용어로 사용하는 도시이지만 영화에서는 프랑스어로 통일했다. 그리고 출연할 배우들이 모두 모여서 두 달 반 동안 영화 전체를 리허설했다. 이때 다르덴 형제는 배우들과 책상에 모여 앉아 대본 리딩을 하는 게 아니라 촬영 장소에 가서 카메라를 든 촬영감독과 테스트 촬영을 한다.

"배우들은 장소를 익히고, 촬영감독은 배우들의 동선을 따라가면서 배우마다 다른 타이밍의 성격을 익히는 시간이에요. 그렇게 촬영한 녹화본을 1차로 편집하고 나면, 이제부터 만들 영화의 리듬을 우리가 아는 시간이죠. 그러고 나면 이제 그 시간을 하나의 앙상블로 만드는 시간이 우리를 기다립니다."

다르덴 형제에게 현장은 앙상블을 찾는 장소다. 다르텐 형제에게 시나리오는 악보이고, 현장에서 연주를 시작한다. 우리는 앙상블의 화음을 찾아야 한다.

3

첫 장면은 은행에서 시작한다. 더 정확하게는 돈으로 시작한다. 이 돈을 영화 내내 주고받을 것이다. 〈로나의 침묵〉은 또다시 거래에 관한 이야기다. 이번 거래는 결혼과 이혼에 관한 것이다. 그리고 사랑과 증오가 아니라 벨기에 시민권을 주고받는다. 사태가 복잡하다. 계획은 암초에 부딪힐 것이기 때문이다. 여기에 법과 권리, 국경, 시간이 끼어든다. 이 장치들은 변수를 만들어낼 것이다. 이들이 두려워하는 건 변수다. 그 안에서 변수들은 긴밀한 관계를 맺고 움직이기 시작한다. 어떤 그 안? 사회적 관계라는 내부다. 다르덴 형제의 영화에서 사회적 관계 바깥이란 없다.

알바니아에서 온 로나는 세탁소에서 일하면서 헤로인 중독으로 폐인이 되다시피 한 벨기에 남자 클로디와 살고 있다. 결혼 신고를 했지만 위장결혼이다. 국적을 취득하는 결혼 기간을 채우면 즉시 이혼할 계획이다. 로나는 알바니아와 이탈리아를 오가면서 일하는 남자 친구 소콜과 이곳에서 건물을 임대해 술집을 여는 게 목표다. 그러기 위해서는 돈을 모아야 한다. 위장결혼 중개업자 파비오는 로나가 이혼하면 러시아 남자와 다시 위장결혼하게 할 계획이다. 게다가 돈도 이미 받았다. 그런데 로나가 국적을 취득할 때까지 시간이 너무 걸려서 클로디가 하루빨리 약물 중독으로 죽기를 기다린다. 하지만 클로디는 병원에 입원해서 약물 중독 치료를 받고 재활하기로 결심한다. 너무 오래 기다린 파비오는 다른 방법이 필요하다고 생각한다. 여기까지가 영화의 절반이다.

다르덴 형제의 영화 중에서 〈로나의 침묵〉은 주제와 스타일은 익숙하지만, 서사는 이상할 정도로 낯설게 진행된다. 장르영화라고 부를 수는 없겠지만, 범죄소설을 각색한 것처럼 시작해서 동화처럼 끝난다. 물론 영화를 본 다음 다른 영화를 떠올릴 수도 있다. 이 문장에 감도는 두리번거림. 첫 장면을 보고 난 다음, 아무래도 로베르 브레송의 〈돈〉이 떠올랐다. 돈을 찍을 때마다 다르덴 형제는 지폐를 쥐고 있는 손을 찍었다. 그래서 손의 주인이 돈의 방향을 결정하는 것이 아니라, 돈이 그 지폐를 쥔 사람의 행동을 명령하는 것처럼 보인다. 그런 다음 〈로나의 침묵〉은 내내 로나를 따라간다. 하지만 로나는 이 이야기의 주인이 아니다. 로나의 주인들이 로나를 부린다. 팔아넘기고 또 팔아넘긴다. 그 과정의 마지막은 예정된 것처럼 보인다. 그때 가련한 나나가 떠올랐다. 고다르의 〈비브르 사비〉의 주인이 아닌 주인공, 상품으로서의 주인공, 거래의 대상으로서의 인물. 하지만 〈로나의 침묵〉은 로나가 침묵하는 바로 그 순간, 브레송 혹은 고다르의 그림자를 벗어난다. 그 순간을 찾아야 한다.

설명도 없이 시작하기 때문에, 영화를 먼저 보면 처음에는 어리둥절할 것이다. 게다가 몇몇 대사를 놓치면 상황을 이해하기 어려울 수도 있다. 그래서 자칫하면 유부녀 로나가 바깥에서 다른 남자와 바람을 피우면서 집에 돌아와서는 헤로인 중독인 남편과 불편한 관계를 유지하는 것처럼 보인다. 하지만 금방 무언가 잘못되었다는 것을 깨닫는다.

시나리오와 영화 장면을 비교해주길 바란다. #24~30의 장면이다. 로나는 클로디가 약을 중단한 금단 현상으로 고통받아 자신에게 매달리자, 저녁에 퇴근해서 시달릴 생각을 하면 집에 돌아가고 싶지 않다. 그래서 친구 집에서 하룻밤 재워달라고 하지만 남자 친구가 집에 있어서 안 된다며 거절당한다(#24). 로나는 작은 호텔을 찾는다(#26, 27). 샤워까지 한 다음 잠시 생각에 잠기더니 바깥으로 나간다. 그리고 약국에 가서 클로디가 원하는 부스코판을 산다(#29). 이 장면은 영화와 시나리오에 차이가 있다. 이 차이를 따져보는 것이 시나리오를 읽는 데 도움이 될 것이다.

다르덴 형제가 친구 집과 호텔 장면을 찍은 다음 편집에서 삭제했는지, 아니면 리허설이 끝난 다음 촬영하지 않았는지는 모르겠다. 어쨌든 이 두 장면은 영화에 없다. 대신 로나는 길거리에 서서 파니니 샌드위치를 먹는다. 그런 다음 약국에 찾아갔을 때 시나리오에는 여자 약사라고 명기되어 있는데 남자 약사로 바뀌었다. 다시 한번 환기하겠다. 시나리오에서 구태여 성별을 표기할 때는 연출의 지시 없이 바꾸지 못한다. 약사는 다시 영화에 나오지 않는다. 로나는 다시 약국을 방문하지 않는다. 왜 바꾼 것일까?

다음 장면(#30)에서는 집에 돌아가자 클로디가 로나에게 물을 달라고 말한다. 시나리오에서는 단순하게 지문으로 설명했지만, 영화 장면은 로나와 클로디의 관계를 가장 정확하게 설명한다. 클로디는 기침을 심하게 하면서 바닥에 무릎을 꿇고 두 발로 개처럼 엎드린 채 로나를 간절하게 바라보며 물 좀 달라고 간청한다. 로나는 물그릇을 가져다주고, 클로디는 그걸 마신다. 나는 이 차이를 오래 생각했다. 이 차이는 무엇을 만들어내는 것일까? 친구의 집을 방문하는 장면과 호텔에 잠시 머물렀던 장면이 남아 있었다면 여자 약사가 약국에서 기다리고 있었을까? 아니면 그래도 남자 약사로 바꾸어야 했을까? 이 차이가 클로디를 개처럼 엎드리게 만드는 장면을 성립시키는 데 어떤 영향을 미치는 걸까?

덧셈과 뺄셈에 대해 생각해보자. 덧셈할 때는 거기에 부족한 것이 있기 때문이다. 그래서 덧셈을 한 장면이 부족한 것을 채워나가길 기대한다. 뺄셈할 때는 반대로 방해되는 것이 있기 때문이다. 로나의 여자 친구는 무엇을 방해한 것일까? 로나가 머문 호텔은 무엇을 방해하는 것일까?

〈로나의 침묵〉은 로나의 배경에 대해 거의 아무것도 설명하지 않는다. 우리가 로나에 대해 알고 있는 것은 알바니아에서 왔다는 것, 그리고 철새노동자인 남자 친구 소콜이 있다는 것, 지금 위장결혼을 했고 이 도시에서 가게를 열고 싶어 한다는 것이 전부다. 알바니아에 가족들이 있는지, 그들이 있다면 왜 아무와도 연락하지 않는지, 어떻게 벨기에로 왔는지, 그리고 사기 중매업자 파비오를 어떻게 만났는지, 클로디를 어떻게 만났는지에 대해 아는 게 전혀 없다. 오히려 클로디에 대해서는 이것저것 알게 된다. 그의 어머니와 형의 가족을 클로디의 장례식에서 만나기 때문이다. 클로디 주변에서 약을 공급하는 마약 밀매업자들과는 계속 마주친다. 그래서 클로디가 어떻게 마약을 구하는지도 알게 된다. 그러니까 이렇게 말할 수 있다. 우리는 주변 인물보다도 주인공에 대해 아는 게 더 없다. 다르덴 형제는 여기서 세운 원칙은 무엇일까? 로나의 내면이 설명되길 원치 않는다. 왜 그러한가? 그걸 설명하는 순간 로나에 대해 연민을 느낄 것이기 때문이다. 끝날 때까지 로나는 어떤 대목에서는 이상할 만큼 미스터리한 심리 상태로 머문다. 이 범접할 수 없는 거리가 〈로나의 침묵〉을 감상주의에서 보호

한다.

시나리오와 영화 장면의 또 다른 차이를 살펴보자. 시나리오에는 클로디가 병원에 입원한 다음 집에 로나가 혼자 남았을 때(#36~40) 갑자기 이민국 경찰이 찾아와서 실제로 두 사람이 부부생활을 하는지 확인한다. 시나리오에서는 꼼꼼하게 경찰의 조사 과정을 설명한다. 그런데 다르덴 형제는 영화 장면에서 이 대목을 모두 삭제했다. 〈로나의 침묵〉에서는 경찰이 로나에게 서로 다른 이유로 가까이 다가온다. 이런 뺄셈은 설명하기 까다롭다.

〈로나의 침묵〉은 둘로 나뉜 영화다. 클로디는 절반이 조금 넘었을 때 약물 과다복용으로 사망하고, 그런 다음 영화는 다시 시작한다. 둘로 나뉜 영화에서 다르덴 형제는 이 둘이 반복처럼 보이길 원치 않은 듯하다.

4

영화를 보지 않고 시나리오를 읽으면 #76이 주는 충격을 경험하지 못할 것이다. 클로디는 병원에서 재활에 성공한 것처럼 퇴원한다. 다시 옛날의 마약 밀매업자가 찾아오지만, 로나가 실랑이를 벌여 쫓아낸다. 클로디는 밝은 얼굴로 자전거를 하루 종일 타겠다고 로나에게 약속한다. 잠깐 세탁소에 가서 얼굴도 보겠다고 말한다. 어쩌면 극장에서 시계를 보았을지도 모른다. 아직 마지막 장면까지는 한참 남았는데 앞으로 어떻게 진행하려고 해피엔드의 분위기를 담은 것일까?

　다음 장면, 집에서 로나가 클로디의 옷을 정리하는데 병원에서 퇴원하고 가져온 옷을 분류하는 것처럼 보인다. 그런데 안내데스크 직원이 "가족들이 다녀가셨어요. 장례식 비용을 지불하시겠다고 했고요"라고 말할 때 찬물을 뒤집어쓴 기분이 들 것이다. (나는 벨기에 병원의 장례식장을 가본 적이 없기에 장소만 보고 장례식장이라고는 알지 못했다.) 아마도 더 기다리지 못한 파비오와 그 일행의 짓일 것이다. 다르덴 형제는 영화에서 죽음을 직접 찍은 적이 간혹 한 번뿐이다. 〈토리와 로키타〉에서 마약 브로커에게 로키타가 총에 맞는 살해 현장을 보여줬는데, 다르덴 형제가 왜 그래야 했는지 따져 묻는 것은 다른 기회가 있을 것이다.

　이 충격은 왜 필요했을까? 〈로나의 침묵〉이 설명하지 않는 건 왜 로나가 클로디에게 죄의식을 느끼는가 하는 것이다. 많은 설명이 가능할 것이다. 1차적으로 양심의 가책을 들 수 있다. 어쩌면 죽음 앞에서 두려움을 느꼈기 때문이라고도 말할 수 있다. 좀 더 단순하게 자신이 알지 못하는 새 살해에 간접적으로 관여되었다는 사실에 위장결혼을 후회한 것이라고도 할 수 있다. 다른 설명도 있다. 잠시지만 같은 집에서 함께 살았던 클로디에게 로나는 스스로도 까닫지 못한 채 아내라는 역할이 투사되어 애도의 시간이 필요했다고도 말이다. 로나는 시민권을 원한 것이지, 클로디의 시체를 원한 것은 아니다. 무자비하게 말하겠다. 클로디의 시체는 보너스가 아니다. 사실, 때 이른 클로디의 죽음은 로나도 원했던 것이 아닌가? 로나는 원하는 걸 얻었지만 너무 많이 얻었다. 다르덴 형제는 모든 설명의 가능성을 열어놓았다기보다는 설명의 불가능성을 따라간다. 그래서 〈로나의 침묵〉은 죽음 앞에서 가져보는 마음이 단 하나가 아니라는 것을 복잡하게 설명하는 대신, 그 감정을 설명할 수 없는 것으로 다룬다. 설명 불가능성으로 로나는 무엇을 얻었을까? 로나의 심정은 죄의식을 가졌다기보다는 차라리 죄의식을 가졌다고 스스로 믿는다. 그래야만 로나는 그 죽음 앞에서 애도할 수 있기 때문이다.

가능성으로부터 불가능성으로 옮겨 가자, 로나는 자기 자신에게도 설명할 수 없는 동선을 따라간다. 그러자 정말 설명할 수 없는 일이 벌어진다. 로나는 클로디가 약을 사기 위해 맡겨놓은 돈을 돌려달라고 할 때(#71), 클로디의 행동을 멈추기 위해 옷을 벗고 그를 안아준 다음 키스한다. 영화 장면도 시나리오도 거기까지만 묘사한다. 이 장면은 전혀 에로틱하지 않게 찍었기 때문에 로나가 임신할 수도 있다는 가능성을 관객은 미처 상상하지도 못한다.

물론 임신은 사랑 없는 섹스로도 가능하다. 임신은 로나도 예상하지 못한 일이다. 그래서 맨 처음 한 일은 병원에 가서 중절 수술을 받는 것이었다(#98). 의사는 친절하게 물어보고 로나는 무표정하게 대답한다. 의사는 옆방 검사실로 안내한 다음 누우라고 말한다. 이 장면이 〈로나의 침묵〉

에서 가장 결정적인 순간일 것이다. 로나는 갑자기 의사를 부둥켜안더니 아무 말도 하지 않고 눈물을 흘리면서 병원을 떠난다. 로나가 수술을 포기할 것이라는 조짐은 전혀 없었고, 시각적 알리바이도 없으며, 다른 장면에서 로나의 결심을 설명하지도 않는다. 로나는 이미 러시아 남자와 새로운 위장결혼을 중매받았고, 돈도 받았다.

만일 위장 결혼할 상대인 러시아 남자와 카페에서 만나 두 사람이 데이트했다는 목격담을 증언해줄 사람을 만들기 위해 춤을 추는 장면(#103)이, 로나가 혹시 아이를 가져도 괜찮은지 질문하는 장면이 병원 장면보다 앞에 나왔다면 설명은 간단하다. 하지만 다르덴 형제는 쉬운 선택을 하지 않았다. 그다음에는 더 이상하게 진행된다. 중매업자 파비오는 로나를 데리고 병원에 간다. 그런데 의사는 상상 임신이라고 알려준다. 그렇게 문제는 해결되었을까? 로나는 파비오의 말을 믿지 않는다. 그렇게 되면 죄의식에서 벗어나는 것이 아니라 정반대로 죄의식을 갚을 방법이 없어지기 때문이다. 이 계산을 치르는 것은 로나에게 자신의 실존을 증명할 유일한 방법이다.

이제는 대답할 수 있다. 〈로나의 침묵〉이라는 제목을 읽은 다음 로나는 무엇에 침묵하는지 질문했을 것이다. 로나는 자신이 왜 임신을 포기하지 않는지 대답하는 대신 침묵을 선택했다. 그러므로 질문을 바꾸어야 한다. 로나는 언제 침묵했는가?

하지만 파비오는 로나의 실존에는 관심이 없다. 이것은 거래의 문제이고, 돈은 인격이 없으며, 시장은 돈의 법칙에 따라 활동한다. 만일 로나가 법칙을 어기면 그에 대한 대가를 치러야 한다. 예외는 없다……

5

……파비오는 로나에게 고향인 알바니아로 돌아가라고 한다. 그리고 그의 부하 스피루가 운전하는 차에 태운다. 방해가 되면 갑자기 실종된다. 클로디는 시체가 되어 돌아왔다. 로나는 잘 알고 있다. 왜 이 길로 가는지 물어보자, 스피루는 고속도로 주변에 있는 주유소로 가야 한다고 대답한다. 그런데 주유소가 나타났는데도 그냥 지나친다. 왜 멈추지 않냐고 물어보자, 더 싼 데가 있다고 대답한다. 로나는 자신을 기다리는 상황이 무엇인지 깨달았다. 로나는 소변이 마렵다면서 잠시 세워달라고 말한다. 그리고 갓길에 내려서 숲속에서 돌을 집어 들고 돌아와 스피루의 머리를 때려 기절시킨다. 로나는 숲속으로 달아난다. 그리고 다짐하듯이 자신의 아이에게 말하고 또 말한다. 점점 더 깊은 숲속으로 들어간다. 그리고 숲속에서 오두막집을 발견한다. 우리가 오래전에 읽은 동화처럼, 로나는 녹색 숲속에서 유난히 눈에 들어오는 빨간 바지를 입었다. 숲속에 있는 할머니 집을 찾아가는 소녀, 14세기 민담으로 내려온 〈빨간 모자〉, 1697년 샤를 페로가 정리하고 그림 형제가 다시

각색한 동화로 전해지는 이야기 말이다. 이때 동화의 분위기는 로나를 위한 것이 아니라, 로나가 품고 있는 (상상 속의) 아이를 위한 것이다. 로나는 아이에게 몇 번이고 다짐하고 또 다짐한다. 그건 후회이자, 반성이고, 약속이다. 그러면서 태어날 아이와 함께 살아갈 새로운 날을 생각한다. 이때 새로 태어날 아이는 물론 로나 자신이다. 새로운 자신. 그래서 아무도 없는 숲속에서 말하고 또 말한다. 점점 어두워지는 숲에서, 오두막에 있는 난로에 불을 지피고 딱딱한 나무 침대에 몸을 눕히고는 자신의 배를 쓰다듬는다. 그리고 다정하게 말한다. "잘 자."

아직 영화가 끝나지 않았는데, 로나를 지켜보고 있는데 음악이 흐른다. 〈로나의 침묵〉에서는 클로디가 약에 취해 소란스러운 헤비메탈 사운드를 CD플레이어에 연결된 스피커로 들을 때만 음악이 흘렀다. 지금은 화면 바깥에서 고요하게 흐른다. 누구를 위해서? 로나와 로나가 품은 새로운 로나를 위해서. 여기 다른 누가 있단 말인가? 베토벤 〈피아노 소나타 32번 다단조〉 2악장이 흐른다. 우리는 베토벤을 한 번 더 듣게 될 것이다.

6

여기서 한 가지 첨언해야 할 것 같다. 마지막 장면이 끝나기 전에 베토벤의 피아노 소나타를 들려주는 것과 들려주지 않는 것의 차이는 무엇인가? 만일 들려주지 않았다면 당신은 불길한 상상을 거두지 못했을 것이다. 차에 있는 스피루는 잠시 돌을 맞고 정신을 잃었지만, 쉽게 포기하지 않을 것이다. 어쩌면 지금도 늑대처럼 눈을 밝히며 숲속에서 놓친 먹이를 찾아 돌아다니고 있을지 모른다. 여기서 잠든 로나로 끝난다면, 다음 장면에서 갑자기 누군가 문을 두들기는 소리를 들을 것만 같다. 다르덴 형제는 지친 로나에게 잠을 선물하고 싶어 한다. 그래서 〈피아노 소나타 32번〉은 로나만을 위한 자장가처럼 들린다. 지금은 잠을 잘 시간이다. 좋은 꿈을 꾸어야 한다.

7

다르덴 형제는 꽤 오래전부터 "한 소년이 폭력에 빠질 위험에 놓여 있다. 그런데 한 여자가 그 소년을 구출한다"라는 짧은 메모를 품고 장편영화로 발전시킬 계획을 세웠다. 시작은 2002년 도쿄를 방문했을 때 일본인 판사로부터 위탁 아동에 관한 이야기를 처음 들은 것이었다. 〈자전거 탄 소년〉은 서로 다르지만 이어지는 〈언노운 걸〉, 〈소년 아메드〉와 함께 '구원하는 여자'의 3부작이라고 부를 수도 있을 것이다. 물론 세 편의 영화는 상황도 다르고, 품고 있는 문제도 다르다. 또 이야기를 전개해나가는 과정도 공통점이 없다. 그러므로 시작도 다르고 결말도 다르다. 그러면 공통점은 무엇인가? 결말에 가서 성공하건(〈자전거 탄 소년〉), 처음부터 실패하건(〈언노운 걸〉), 아니면 성공인지

실패인지 애매하건(〈소년 아메드〉) 간에, 다르덴 형제 영
화는 이 수식어를 사용할 수밖에 없는데, 하여튼 구원하려
고 애쓰는 여자가 등장한다.

　누군가는 다르덴 형제 영화에서 어른 주인공을 찾아보
기 힘들고 대부분이 어린이거나 미성년자 청소년이라는 사
실을 지적한다. 그것도 사실이다. 〈더 차일드〉, 〈로나의 침
묵〉, 〈내일을 위한 시간〉의 세 편을 제외하면 모두 어린이,
미성년자 청소년이 주인공이거나 중심을 차지하고 있다.
물론 다르덴 형제는 자신들의 영화를 이런 식으로 분류하
는 것을 좋아하지 않는다.

　그들은 〈로나의 침묵〉을 찍고 난 다음 1년간 〈자전거 탄
소년〉의 시나리오를 썼다. 처음에는 사만다의 직업은 의사
였다. 무언가 부자연스럽다고 느끼고 직업을 몇 번 바꾸다
가 동네에서 미용실을 운영하는 미용사로 결정했다. 의사
의 직업을 가진 여자는 〈언노운 걸〉의 제니로 등장한다.

　〈자전거 탄 소년〉은 다르덴 형제의 작업 방식 면에서 여
러모로 이전과 달랐다. 그들은 먼저 오랫동안 소재에 관해
사례를 조사하고, 여러 경로로 인터뷰하고, 그 과정을 밟아
가며 긴 시간 동안 계속해서 수정했다. 그런 다음 리허설하
고 나면 할 수 있는 한 가장 짧은 회차에 걸쳐 촬영을 진행
했다. 긴 시간 준비했다는 점에서는 같지만, 〈자전거 탄 소
년〉은 55일간 촬영을 진행했다. 여름인 8월에 시작해서 가
을이 끝나갈 무렵인 10월에 끝난 것이다. 다르덴 형제가 여

름에 영화를 찍은 건 처음이었다. 〈로제타〉에서 로제타가 차가운 호수에 빠져 허우적거리는 장면을 떠올려주길 바란다. 그런데도 이 영화는 다르덴 형제 영화 중에 가장 상영 시간이 짧아서 1시간 27분이다(더 짧은 영화는 그 이후에 찍은 〈소년 아메드〉로, 상영 시간이 1시간 24분이다).

처음 시나리오에서는 〈로나의 침묵〉에서 현실로부터 동화로 들어간 구조를 한 번 더 시도해볼 계획이었다. 그래서 소년의 마음속에 품고 있던 아버지에 대한 기대가 모두 부서질 즈음 마치 동화처럼 소년을 구출하는 여자가 등장하는 이야기를 생각했다. 하지만 곧 이 구조를 버렸다. 사만다는 처음이다시피 한 #14부터 등장하고, 그 후로 곁에 있는 것은 아니지만 마지막 장면까지 머문다.

8

〈자전거 탄 소년〉을 보다가 깜짝 놀란 순간은 갑자기 베토벤 〈피아노 협주곡 5번 '황제'〉 2악장의 아다지오가 흘러나왔을 때였다. 다르덴 형제는 그 이전에도, 그 이후에도 영화에서 음악을 들려줄 때는 언제나 화면 안에, 혹은 화면에 보이지 않아도 그 장소에 음원sound source이 있었다. 그래서 음악은 장소의 일부였고, 음악이라기보다는 앰비언트 사운드였다. 이를테면 시릴이 아버지 기 카툴이 일하는 레스토랑 '르 윌스'를 방문했을 때 안에서 소란스럽게 들리는 테크노 음악이 그렇다. 〈로나의 침묵〉에서도 엔딩 자막이 떠오르기 전이기는 했지만, 마지막에 가서야 피아노 소나타를 들려주었다. 〈자전거 탄 소년〉에서는 유일하게 영화 중간에 세 번이나 음악이 흘러나오고, 마지막에는 오래도록 들려준다. 너무 유명한 곡이라 별다른 설명이 없어도 흘러나오는 순간 무슨 곡인지 알아차렸을 것이다. 1809년에 완성한 곡으로, 부제인 '황제'에 관해서는 여러 설이 있지만, 베토벤이 붙인 건 아니고 나중에 출판업자가 덧붙였다고 한다. 그러므로 '황제'라는 부제와 〈자전거 탄 소년〉을 지나치게 연관 지을 필요는 없을 것이다.

그러므로 약간의 상상을 허락해주길 바란다. 물론 2악장 아다지오의 선율이 영화의 '어떤' 흐름과 서로 화음을 만들어내니 선곡했겠지만, 이 곡을 작곡하는 동안 육체적으로는 더욱 심해지는 난청과 싸우면서(작곡가가 난청이 되는 끔찍한 상황을 떠올려보라) 다른 한편으로는 전쟁으로 후원자들이 차례로 사망하거나 파산하고 피난을 가는 재정적 궁핍 속에서 이토록 늠름하고 깊고 고요한 감흥을 끌어내는 선율을 내면에서 끌어내기 위해 격투를 벌이는 베토벤을 함께 떠올렸(을지도 모른)다.

9

음악이 나오는 첫 번째 장면은 (시나리오에서) 다섯 번째 신이다. 시작하자마자 시릴은 전화를 걸지만 상대방이 전화를 받지 않는다. 아버지가 전화를 받지 않는다. 왜 받지 않는 것일까? 내가 전화를 하는데. 시릴은 전화를 빼앗기자 교사를 때리고 물어뜯기까지 한다. 난폭하기보다는 한 마리 야생동물처럼 보인다. 그리고 운동장을 가로질러 숲을 지나 철조망을 타고 넘어가려고 한다. 철조망은 너무 높고, 교사들이 뒤쫓아와 시릴을 끌어내린다. 그리고 밤이 되자, 시릴은 지친 짐승처럼 잠들었다. 그때 베토벤의 아다지오가 흐른다.

영화에서 음악이 지니는 여러 가지 기능이 있다. 상황의 분위기를 고조시키거나, 무언가를 암시할 때, 혹은 주인공의 심리를 안 또는 밖에서 설명할 때, 때로는 편집의 리듬에 맞춰서 속도를 늦추거나 더 빠르게 만들 때, (엄격하게는 더 분류할 수 있지만 개략적으로 그렇게 사용하면서) 물론 경우에 따라선 서로 뒤섞기도 하면서, 장면에 개입하는 것이다. 하지만 여기서는 아무것도 해당하지 않는다. 눈에 보이지 않는 신비로운 누군가가 잠든 시릴 곁에 와서 자장가를 부르는 것도 아니고, 마치 〈로나의 침묵〉의 마지막 장면처럼 이 음악이 시릴의 꿈속으로 들어가는 입구인 것도 아니다. 더 중요한 것은 이 음악은 정신적으로, 혹은 은유적으로, 여기서 뭐라고 해야 할까, 이 음악은 오직 시릴을 위한 것인데, 시릴은 잠을 자느라 그걸 듣지 못하는 것 같다. 그러면 그 음악을 누가 듣는가? 영화를 보는 우리다. 다시 질문하겠다. 우리에게 베토벤의 아다지오가 왜 필요한가? 그 음악이 영화와 일정한 거리를 유지하고 아무 상관 없다는 듯이 구경하고 있는 우리에게 문득 영화에서 흘러나오는 아다지오를 들을 수 있을 만큼 가까운 거리에 당신이 있습니다, 라면서 일깨우는 것이라면 어떠한가?

하지만 아다지오는 재빨리 뒤로 물러난다. 시릴은 학교에서 도망쳐서 버스를 타고 아버지와 머물던 집을 찾아간다. 집은 닫혔고, 교사들은 이곳까지 쫓아왔다. 시릴은 건물 안 병원으로 도망쳐서 대기실에서 기다리던 여자를 껴안는다. 여자는 아파서 힘없이 말한다. "아파! 그렇게 세게 잡지 마!" 이 장면이 시릴과 사만다의 첫 만남이다(#14). 시나리오를 읽으면 사만다가 시릴의 아버지에게서 자전거를 산 사람을 찾아 그걸 다시 사서 보육원에 찾아와 시릴에게 선물하기까지의 과정에 관한 설명이 없어서 무언가 빠진 듯한 느낌일 것이다. 영화를 보면 더 이상하다. 시릴이 아버지와 함께 살던 아파트 방이 비었다는 걸 확인한 다음, 보육원의 침대에 누워 있는 시릴에게로 바로 장면이 옮겨온다. 그리고 사만다가 찾아와서 별다른 설명이나 친밀감의 표현 없이 시릴에게 자전거를 주고 떠난다. 사만다에게는 호의를 베풀어야 할 의무가 없고, 두 사람 사이에 내밀한 감정이 교환되는 것 같은 순간도 없었다. 사만다는 자신이 왜 그런 호의를 베풀고 시릴의 주말 위탁모가 되기로 결심했는지 자기 자신에게도 그 이유를 설명하지 못한다. 영화는 사만다가 자신에게도 잘 설명하지 못하는 대목이 시나리오에는 없다. 시나리오에는 시릴과 사만다가 함께 주방에서 저녁을 먹는 게 전부다(#59). 하지만 영화에서는 시릴이 물어본다.

"왜 저를 맡았어요?"

"네가 원했잖아."

"그러니까 왜 허락했어요?"

"글쎄."

분명하게 대답하는 대신 이 질문에 사만다가 대답할 수 없다는 걸 일깨워주는 것이 왜 필요했을까? 사만다는 시릴이 붙잡혀 가지 않기 위해 자신을 껴안은 행위가 전적으로 우연이라는 것을 잘 알고 있지만, 그렇게 설명하는 대신 운명처럼 받아들인다. 나는 이것이 시나리오에서는 놓쳤지만, 혹은 피했지만, 영화에서 (다시) 찾은 중요한 장면이라고 생각한다. 우연을 운명으로 되돌려놓을 때 사만다에게 시릴은 자신이 선택한 대상이 아니라 시릴이 자신을 선택한 것이 된다. 무슨 뜻인가? 사만다는 자신의 행위를 동정이나 연민으로 만들지 않는다. 그녀에게 이 기회에서 허락된 것은 오로지 대상의 선택을 받아들이는 것뿐이다. 이때 윤리적 정언명령은 사만다에게 "너는 해야 한다. 왜냐하면 할 수 있으니까"가 된다. 그리고 이 명령이야말로 사만다를 시릴의 위탁모에서 어머니의 자리로 도약하게 한다.

10

두 번째 아다지오는 시릴이 사만다와 수소문하여 아버지

기 카툴을 만나고 돌아오는 차 안에서 흐른다. 아버지는 이미 다른 여자와 살면서 그 여자의 레스토랑에서 일하고 있다. 아버지는 시릴을 쌀쌀맞게 대하고는, 사만다를 따로 사무실로 데려가 부탁한다.

"잊을 거예요……. 저는…… 새로운 삶을 살고 있어요. 다시 일자리도 얻고, 그런데 시릴이 있으면 그렇게 할 수가 없어요. 이해하시나요? (중략) 부탁드려요. 아이를 돌봐주세요. 아이를 다시 보고 싶지 않아요. 제가 볼 수 없다고 한다고 아이에게 말해주세요……."(#40)

하지만 사만다는 토요일에는 아버지가 전화해줄 거라고 말하는 시릴에게 차마 말을 전하지 못한다. 그래서 시릴을 다시 레스토랑에 데려가 아버지에게 직접 말하라고 요구한다. 아버지는 아들에게 말한다.

"난…… 나를 만나려고 하지 마. 보육원으로 돌아가 아줌마네 집에 가고. 넌 잘 지낼 거야……."

"나한테 전화 안 할 거야?"

"모르겠어……. 안 해."

돌아서서 사만다의 차를 타고 말없이 들어가던 시릴은 갑자기 자해하기 시작한다. 그때 베토벤의 음악이 흐른다(#43).

여기서 다시 한번 놀란다. 시릴이 너무 가여워서 '아, 여기서는 음악이 흘렀으면 좋겠다'라고 생각한 바로 그 순간 아다지오가 흐르기 때문이다. 하지만 좀 더 앞으로 돌아가 부언할 필요가 있다. 다르덴 형제는 아버지가 레스토랑의 문을 열어주고 시릴이 안에 들어가서 긴 대화를 나누는 불편하기 짝이 없는 장면을 어떤 순간도 뺄셈 없이 찍었다. 솔직히 말하면, 열한 살짜리 어린 아들이 아무렇지도 않은 척 매달리고 있는데도 그걸 모를 리 없는 아버지가 내내 쌀쌀맞게 귀찮다는 듯 대화하는 긴 장면이 제발 빨리 끝났으면 좋겠다는 마음이었다.

그다음, 시릴을 내보내고 다른 방에서 아들의 위탁모에게 자신이 새로운 삶을 살아야 하니 제발 찾아오지 말라는 말을 전해달라고 뻔뻔하게 부탁하는 장면이 정면으로 진행된다. 좁은 사무실로 옮겨 이 대화를 나누는 장면은 장면 분할 없이 하나의 쇼트로 찍으면서long take, 아버지의 등 쪽에서 사만다를 바라보며 시작해서 왼쪽으로 반원 방향으로 이동한다. 사만다가 아버지에게 일주일에 한 번 만나는 게 부담스러우면 한 달에 한 번이라도 만나라고 하는데도 대신 맡아달라고 말할 때부터 사만다의 등 쪽에서 아버지의 얼굴을 바라본다. 단지 뻔뻔한 얼굴을 바라보는 게 다가 아니다. 등 뒤쪽으로 이동해서 보이지 않는 사만다의 얼굴을 생각해야 한다. 이때 다르덴 형제는 시릴의 아버지의 말을 듣는 사만다, 그 말을 하는 얼굴을 바라보는 사만다의 얼굴을 찍을 수 없다고 생각한(것처럼 찍었)다. 그 얼굴에 담길 감정은 얼마나 복잡한 것인가?

사만다는 그 부탁을 들어주려 했다. 하지만 헛된 희망을 잃지 않는 시릴을 보고서 이제 진실을 대면해야 한다고 마음을 바꾼다. 그래서 아버지에게 직접 말하라고 한다. 그리고 아버지는 아들에게 정말 직접 말한다. 어쩌면 사만다는 시릴의 얼굴을 보면 마음을 바꿀지도 모른다고 생각했는지도 모른다. 그 말에 듣고 충격을 받은 시릴은 자해한다. 그때 흐르는 아다지오는 사만다를 위한 것이다. 시릴은 지금 그 음악을 들을 겨를이 없다. 아다지오는 사만다의 결심이다. 어떤 결심? 어머니가 될 결심.

11

이제 세 번째 아다지오를 말할 차례다. 다소 장황한 과정이 사이에 놓여 있다. 사만다의 위탁가정에 머문 시릴은 동네 불량배 웨스의 먹이가 된다. 웨스는 친밀감을 표시하면서 자기 집에 데려가 마음껏 컴퓨터 게임을 즐기게 하면서 함께 어울린다. 어쩌면 시릴에게 웨스는 아버지의 빈자리를 채워줄 인물로 느껴졌는지도 모른다. 그래서 웨스가 강도 폭행을 가르치면서 "네 몫으로 얼마를 줄까? 500유로?"라고 물어보자 "난 됐어"라고 대답한다. "그럼 이 일을 왜 해?"라고 물어보자 "널 위해서"라고 답한다(#60).

사만다는 시릴에게 웨스가 접근하는 걸 말리기 위해 애쓴다. 하지만 시릴은 웨스의 요구에 따르기 위해 한밤중에 마약에 중독되기라도 한 것처럼 말리는 사만다를 미용 가위로 찌르고 뛰쳐나간다. 그리고 폭행 강도를 저지른다. 그

때 예상치 않게 그 아들이 뒤따라오는 바람에 아들도 야구 방망이로 때린다(#70). 지갑을 훔치는 데는 성공했지만 상대방이 시릴의 얼굴을 보았다는 걸 알자, 웨스는 태도가 돌변하여 시릴에게 "도둑질은 네가 한 거야. 너 혼자 한 거라고! 알았지? 혼자 훔쳤다고! 내가 같이 했다고 말하기만 해봐! 널 죽일 거야. 알았지! 죽여버린다고! 내 차에서 내려!"라고 소리치고는 길가에 시릴을 버린다(#72).

시릴은 길가에서 갑자기 생각이 난 듯 버스를 타고 아버지가 일하는 레스토랑으로 간다(#76). 그리고 아버지를 몰래 불러내서 돈을 꺼낸다.

"내가 훔쳤어. 하지만 아무도 몰라. (중략) 경찰한테 걸려도 아빠한테 줬다고 말하지 않을게. (중략) 맹세해. 아무한테도 말 안 할 거야."

하지만 아버지는 조금도 달갑지 않다. 그러기는커녕 다시 담장 너머로 시릴을 보내면서 욕하듯이 내뱉는다. "그 돈 받고 나더러 감옥에 가라고! 나쁜 새끼!" 그리고 담장 너머로 돈다발을 던진다. 이제 시릴이 갈 수 있는 곳은 단 한 군데뿐이다. 자신이 가위로 찌르고 떠난 사만다의 미용실. 시릴은 자전거 페달을 밟아 밤거리를 열심히 달린다. 집으로 향하는 길. 그때 베토벤의 아다지오가 흐른다(#78).

두 번째를 설명했기 때문에 여기서는 좀 더 잘 설명할 수 있다. 그건 어머니가 자식을 부르는 노래다. 가사는 없지만, 목소리는 들리지 않지만, 그 선율은 집 나간 자식이 어두운 밤에 길을 잃지 않고 무사히 돌아오기를 바라는 마음을 담은 것이다. 시릴은 그 전에 두 번은 듣지 못했지만, 이번에는 그 아다지오를 들을 수 있을 것이다.

그런데 미용실에 도착했을 때 시나리오와 영화 사이에 다소 차이가 있다. 시나리오는 미용실의 불이 켜져 있고 문이 열려 있으며 사만다가 시릴을 기다리다가 잠깐 잠들었다고 한다. 한편 영화에서는 미용실의 문이 잠겨 있다. 시릴이 문을 두드리자 사만다가 문을 열어주면서 감정 없이 말한다.

"경찰이 너를 잡으러 왔어. 자전거 놓고 가자. 차 키 가져올게."

그러자 시릴이 말한다. "아줌마, 팔 찌른 거 잘못했어요. 아줌마랑 계속 살고 싶어요."

"알았어, 뽀뽀해줘." 그리고 차를 타러 간다.

시나리오는 대사의 순서가 다르다. 시릴이 먼저 사과한다.

"팔을 다치게 해서 미안해요……." 그리고 눈물이 눈에 고여 말한다. "저는…… 저는 아줌마와 같이 살고 싶어요. 계속……."

그러자 사만다가 "이리 와"라면서 안아준 다음, "경찰이 서점 주인 사건 때문에 너를 찾았어. 넌 가야 해"라며 차를 타러 간다.

이 차이는 단순하지 않다. 시나리오에서 사만다는 어머니의 자리에서 위탁모로 돌아간다. 그래서 사만다는 시릴

의 사과를 받아들이고, 시릴이 사만다와 계속 함께 살고 싶
다는 제안도 수용할 만큼 관대하지만, 마지막 말은 '그럼에
도 불구하고' 시릴은 경찰서에 가서 죄의 처벌을 받아야 한
다는 것이다. 하지만 영화에서는 정반대다. 사만다는 시릴
에게 먼저 경찰이 찾아왔다는 사실을 알려준다. 시릴은 자
신의 잘못을 뉘우치고 계속 함께 살고 싶다고 부탁한다. 사
만다는 시릴이 범죄를 저질렀고 경찰서에 가야 하지만, '그
럼에도 불구하고' 시릴에게 뽀뽀해달라고 부탁한다. 이 두
'그럼에도 불구하고'는 얼마나 멀리 있는가?

12

이제 마지막 아다지오를 설명할 차례다. 시릴은 사만다
와 사이좋게 나란히 자전거를 탄다. 저녁에는 바비큐 파티
를 열 계획이다. 그런데 슈퍼마켓에 숯이 떨어져 시릴이 근
처 주유소로 사러 간다. 그곳에서 웨스의 요구로 강도짓을
하다가 다치게 한 피해자 부자와 마주친다. 아들은 경찰에
서 합의 조정을 할 때 용서할 수 없다면서 참석하지 않았다.
아들은 시릴과 주유소에서 마주치자 자전거를 타고 떠나가
는 시릴을 바라보다가 갑자기 뒤쫓기 시작한다. 시릴은 아
들을 피해 숲속으로 도망치고 아들은 계속 따라간다(#88).
그리고 붙잡아서 시릴을 때리기 시작한다. 시릴이 아들을
피해 나무로 올라가자, 아들은 돌을 던진다. 시릴이 그만 높
은 나무에서 떨어지더니 미동도 하지 않는다. 마치 죽은 것

같다. 아들이 놀라서 바라보는데 아버지가 아들을 찾으러 숲속에 왔다가 그 모습을 본다. 아버지도 놀라서 시릴을 바라보다가 아들에게 말한다.

"혹시라도 개가 죽으면 주유소에서 개가 우리한테 욕을 했고, 그래서 네가 쫓은 거라고 해. 개가 너를 피해 나무 위에 올라갔다가 떨어졌다고. 돌로 맞혔어? (증략) 내 휴대전화를 가져와. 구급차를 불러야겠다. 차 문에 있어."

그런데 갑자기 비틀거리면서 시릴이 일어난다. 아버지가 조심스럽게 살펴보면서 "네가 기절했었어. 구급차를 부르는 게 좋겠다"라고 하는데 시릴은 "됐어요"라고 말하고는 숲 바깥으로 나간다. 그리고 숯을 챙겨서 자전거를 타고 떠난다(#91). 사만다가 시릴을 기다리고 있을 것이다.

이 마지막 아다지오는 에필로그라기보다는 진정한 엔딩이라고 불러야 할 것이다. 나무에서 떨어진 시릴이 다시 일어날 때 그 모습은 마치 부활처럼 보인다. 여기에는 일종의 도약이 있다. 만일 〈자전거 탄 소년〉에 동화의 밝음이 남아 있다면 이 마지막 장면일 것이다. 시릴은 이제까지 계속해서 문제를 일으키고, 싸우고, 나쁜 쪽의 유혹에 쉽게 이끌리면서 자신을 학대하는 것처럼 보였다. 그래서 나무에서 추락했을 때 결국 이렇게 끝나버리는 걸까 하며 탄식했다. 그런데 자기 힘으로 일어나서는 자기를 때린 아들을 탓하지도 않고 어쩌면 죽었을지도 모르는 자신에 대해 일말의 죄책감도 없는 그 아버지를 용서한 다음, 그 자리를 떠나는 시릴은 갑자기 힘이 세진 것처럼 보인다. 시릴은 그렇게 자신이 만들어놓은 함정을 스스로의 힘으로 벗어난다.

영화에서 시종일관 시릴은 자전거를 탄다. 그때마다 이상할 정도로 어딘지 위험해 보였다. 그런데 마지막 장면에서 처음으로 시릴은 힘차게 자기 힘으로 달려간다. 게다가 지금은 자전거를 타고 가야 할 곳이 어딘지 분명히 알고 있다. 사만다가 기다리고 있을 것이다. 어서 오렴. 아마 이번에는 길을 잃지 않을 것이다. 처음으로 베토벤의 아다지오가 시릴이 부르는 노래처럼 들린다.

장 피에르 다르덴, 뤽 다르덴 Jean-Pierre & Luc Dardenne

벨기에의 영화감독이자 각본가, 영화 제작자로, 장 피에르 다르덴과 뤽 다르덴은 형제다. 다큐멘터리 연출로 시작했으며, 지금은 리얼리즘에 기반해 소외, 실업, 빈곤 등 사회적 문제를 주로 다룬다. 〈로제타〉 〈더 차일드〉 등으로 칸 영화제에서 황금종려상을 두 번이나 수상하고 각본상, 그랑프리, 감독상, 특별상을 비롯해 경쟁 부문에 여러 번 초청되는 등 칸이 사랑하는 세계적인 거장으로 손꼽힌다.

옮긴이.. 신유진

작가이자 번역가. 파리 8대학에서 연극학 석사과정을 마쳤다. 옮긴 책으로 베티 본의 《프루스트의 마들렌》, 티아구 호드리게스의 《소프루》와 아니 에르노의 《남자의 자리》《세월》《진 정한 장소》, 에르베 기베르의 《연민의 기록》 등이, 엮고 옮긴 책으로 《생텍쥐페리의 문장들》 등이 있다. 희곡 《누아》, 산문집 《사랑을 연습한 시간》《창문 너머 어렴풋이》《몽 카페》《열다섯 번의 낮》《열다섯 번의 밤》을 지었다.

정성일

영화감독, 영화평론가. 〈로드쇼〉의 편집차장, 〈키노〉의 편집장, 〈말〉의 최장수 필자를 거치며 대한민국 영화 비평의 흐름을 바꾸어놓았다. 2009년 겨울 첫 번째 장편영화 〈카페 느와르〉를 찍었으며, 《나의 작가주의 : 왕빙, 영화가 여기에 있다》《언젠가 세상은 영화가 될 것이다》《필사의 탐독》 등을 썼다.

다르덴 형제 시나리오
로나의 침묵 / 자전거 탄 소년

1판 1쇄 찍음 2025년 4월 23일
1판 1쇄 펴냄 2025년 5월 2일

지은이 장 피에르 다르덴, 뤽 다르덴
옮긴이 신유진
펴낸이 안지미
CD Nyhavn

펴낸곳 (주)알마
출판등록 2006년 6월 22일 제2013-000266호
주소 04056 서울시 마포구 신촌로4길 5-13, 3층
전화 02.324.3800 판매 02.324.3232 편집
전송 02.324.1144

전자우편 alma@almabook.by-works.com
페이스북 /almabooks
트위터 @alma_books
인스타그램 @alma_books

ISBN 979-11-5992-434-7 03680

이 책의 내용을 이용하려면 반드시 저작권자와 알마출판사의 동의를 받아야 합니다.

알마출판사는 다양한 장르간 협업을 통해 실험적이고 아름다운 책을 펴냅니다.
삶과 세계의 통로, 책book으로 구석구석nook을 잇겠습니다.